マカロンタロットで学ぶ
タロットと西洋占星術

タロットとホロスコープの2WAYリーディング

加藤マカロン

駒草出版

はじめに

　本書は2022年7月から2024年3月までの21回、こまくさweb（駒草出版のweb マガジン）「マカロンタロットで学ぶタロットと西洋占星術」に寄稿した記事が土台になっており、2015年初版の拙著『マカロンタロットで学ぶタロット占い』では伝えきれなかった西洋占星術とのリンクを描いています。

　タロットは西洋占星術の12星座や10天体、4つのエレメントなどに対応していることをご存じでしょうか。
　カードの意味は覚えてみたけれど、なぜそのような意味になるのか？暗記ではなく西洋占星術の知識があれば、その答えが自然と腑に落ちることに気付くかもしれません。

　このようにタロットのシンボルを理解するには、西洋占星術の基本を理解する必要があります。タロット占いはするけれど、西洋占星術は未経験という方に向けて、本書ではタロットと西洋占星術が反射的に結びつくよう分かりやすさを心がけました。西洋占星術は大変奥深い学問です。勉強が尽きることはないですが、まずは初歩を踏まえた上で、それがどのようにタロットとリンクしているのか、

取り掛かりの入門書として使って下さったら幸いです。

　少しずつ分かり始めた方は、リーディング編に進んで下さい。わたしのタロットの先生であるラクシュミー先生の講座の中に「西洋占星術を使ってタロットを読む」というのがありました。質問者のホロスコープ（出生図）を見ながらタロットを引く、という占術です。その人の生まれ持った性質を理解しながら、また経過（トランジット）の天体も配慮しつつ、タロットで質問者の問題のポイントを見極めていく実践法です。『マカロンタロットで学ぶタロット占い』で好評だった実践リーディング第2弾として、今回も先生にリーディング監修のご協力をいただきました。

　本書では、こまくさweb 寄稿文に加え、はじめてでも分かりやすい西洋占星術の基本の基をイラストや図など交えながら、78枚のカードの対応星座、天体、エレメントをまとめました。

　前出の『マカロンタロットで学ぶタロット占い』と併せて二冊をお手元に置いて楽しんでいただけましたら嬉しいです。

著者

Contents

はじめに ……………………………………………………………… 2
タロットと西洋占星術のリンクって? …………………………… 8
西洋占星術とタロットの特徴 ……………………………………… 10
ホロスコープの基礎知識 …………………………………………… 12
    12星座のマーク ……………………………………………… 13
    10天体のマーク ……………………………………………… 13

Chapter 1　西洋占星術の基礎知識

12星座を知ろう …………………………………………………… 16
    12星座は3種類の区分に分けられる …………………………… 16
    12星座の支配星 ………………………………………………… 17
  12星座の区分
    二区分 …… 18　　　三区分 …… 19　　　四区分 …… 20
  12星座の意味
    おひつじ座・おうし座……22　　ふたご座・かに座…………23
    しし座・おとめ座…………24　　てんびん座・さそり座 ……25
    いて座・やぎ座 …………26　　みずがめ座・うお座………27
  12星座のキーワード ………………………………………… 28

10天体を知ろう …………………………………………………… 30
    天体は何を表すの? …………………………………………… 30
    天体の並びは人の成長過程とリンクしています ……………… 31
  天体の意味
    月・水星………………32　　金星・太陽………………33
    火星・木星……………34　　土星・天王星……………35
    海王星・冥王星…………36
    各星座の天体を読むためのヒント …………………………… 37

12ハウスを知ろう ………………………………………………… 38
  4つのアングルをもとに、分割されたものが「ハウス」です …… 38
    12星座と12ハウスのちがい ……………………………………… 38
    4つのアングル …………………………………………………… 39
    ハウスの分割方法（ハウスシステム） ………………………… 39
    ・出生時間が分からない場合はどうしたらいい? ……………… 39

ハウスの意味 ……………………………………………………………… 40

　12 ハウスの三区分 ……………………………………………………… 40

　ホロスコープの東西と南北のエリア ………………………………… 41

　12 のハウス　進化のプロセスと相関関係 ………………………… 42

　天体が入っているハウスはどう読むの? ………………………… 44

　天体が入っていないハウスはどう読むの? ……………………… 45

アスペクトを知ろう ……………………………………………………… 46

　メジャーアスペクト ……………………………………………………… 46

　　アスペクトのオーブって? ……………………………………… 47

　　アスペクト表 ……………………………………………………… 47

　　複合アスペクト …………………………………………………… 48

　　マイナーアスペクト ……………………………………………… 49

　　経過（トランジット）の天体とのアスペクトで未来を予測 ……… 49

Chapter 2　大アルカナ

大アルカナ　「黄金の夜明け団」による星座との対応 …………………… 52

　大アルカナ　星座と支配星との対応表 …………………………… 53

魔術師……… 54	女教皇……… 55	女帝 ……… 56
皇帝 ……… 57	法王 ……… 58	恋人たち……… 59
戦車 ……… 60	正義 ……… 61	隠者 ……… 62
運命の輪…… 63	力 ……… 64	吊るされた男…… 65
死神 ……… 66	節制 ……… 67	悪魔 ……… 68
塔 ……… 69	星 ……… 70	月 ……… 71
太陽 ……… 72	審判 ……… 73	世界 ……… 74
愚者 ……… 75		

Chapter 3　小アルカナ

小アルカナ　「黄金の夜明け団」による星座との対応 …………………… 78

　小アルカナ　デーカンとの対応表 …………………………… 79

　　ワンド・エース　火のグループ〔ワンド(2・3・4)〕(おひつじ座) … 80 〜 81

　　火のグループ〔ワンド（5・6・7）〕(しし座) ……………………… 82 〜 83

　　火のグループ〔ワンド（8・9・10）〕(いて座) ……………………… 84 〜 85

ワンドのコートカード　　　　　　　　　　　　　　　　　86 〜 87

カップ・エース　水のグループ〔カップ（2・3・4）〕（かに座）…… 88 〜 89
水のグループ〔カップ（5・6・7）〕（さそり座）　　　　　　　90 〜 91
水のグループ〔カップ（8・9・10）〕（うお座）　　　　　　　92 〜 93
カップのコートカード　　　　　　　　　　　　　　　　　　94 〜 95

ソード・エース　風のグループ〔ソード（2・3・4）〕（てんびん座）… 96 〜 97
風のグループ〔ソード（5・6・7）〕（みずがめ座）　　　　　　98 〜 99
風のグループ〔ソード（8・9・10）〕（ふたご座）　　　　　100 〜 101
ソードのコートカード　　　　　　　　　　　　　　　　　102 〜 103

ペンタクル・エース　地のグループ〔ペンタクル（2・3・4）〕（やぎ座）…104 〜 105
地のグループ〔ペンタクル（5・6・7）〕（おうし座）　　　　106 〜 107
地のグループ〔ペンタクル（8・9・10）〕（おとめ座）　　　108 〜 109
ペンタクルのコートカード　　　　　　　　　　　　　　　110 〜 111

Chapter 4　実践リーディング

西洋占星術を使ってタロットを読むときの心構え　　　　　　114

タロットリーディングに西洋占星術を応用する技法　　　　118

質問の仕方　　　　　　　　　　　　　　　　　　　　120

シャッフルとカット　　　　　　　　　　　　　　　　　121

スプレッドの種類　　　　　　　　　　　　　　　　　　122
クロススプレッド　　　　　　　　　　　　　　　　　124
マカロンスプレッド　　　　　　　　　　　　　　　　125
ケルト十字スプレッド　　　　　　　　　　　　　　　126
変形ケルト十字スプレッド（17枚引き）　　　　　126 〜 127
ホロスコープスプレッド　　　　　　　　　　　　　128 〜 129

実践リーディング
クロススプレッド

| case1 | 夫が家事をしてくれなくてイライラします | ………………… | 130 |
| case2 | どの楽器が自分に合っているでしょうか | ………………… | 132 |

マカロンスプレッド
| case1 | 犬と一緒に住みたいです | …………………………… | 134 |
| case2 | 簿記（3級）の勉強をしていますが合っているでしょうか | 136 |

ケルト十字スプレッド
case1	副業しながら二拠点生活したいです	…………………	138
case2	高齢になった母の介護について	……………………	140
case3	出会いを探すか、自由でいるか	……………………	142
case4	人が苦手です	…………………………………………	144
case5	起業を考えています	………………………………	146
case6	これからの人生の方向性	…………………………	148
case7	終活について	…………………………………………	150

変形ケルト十字スプレッド（17枚引き）
case1	どのように推し活していけばいいでしょうか	………………	152
case2	夫に仕事を反対されています	………………………	154
case3	生涯のパートナーはどんな方？	……………………	156
case4	嫁ぎ先での仕事はどうなるでしょうか	…………	158
case5	彼は私のことをどう思っているのでしょうか	………	160 ～ 162
	二重円（ダブルチャート）について	………………	162
	「シナストリー」で気になるあの人との関係をみてみよう	………	163

ホロスコープスプレッド
| case1 | 人生の展望について | ……………………………… | 164 |
| case2 | 恋愛も結婚もしたいです | ………………………… | 166 |

リーディング監修をおえて ……………………………………… 168 ～ 170

用語集 …………………………………………………… 172 ～ 175

あとがき ………………………………………………………… 176

---

column
ホロスコープを制作してくれるサイト	……………………	14
アスペクトを見るときのコツ	……………………………	50
大アルカナ「運命の輪」が出たとき	……………………	76
小アルカナについて	……………………………………	112
マカロンタロット関連シリーズ	…………………………	171

タロットと西洋占星術のリンクって？

　タロットカードの絵柄をよく見ると、西洋占星術のシンボルが描き込まれているものがあります。たとえば「皇帝」の玉座には牡羊の顔が彫刻されていたり、「戦車」では、王子の鎧の両肩に月の形の肩当てがあしらわれていたり、「悪魔」は山羊の角が生えていたりなど、そのカードが対応する星座や支配星がなにげなく絵柄の中に入っています。

　19世紀末、イギリスで設立された秘密結社、黄金の夜明け団（通称：ゴールデンドーン）の会員であった神秘学研究者アーサー・エドワード・ウェイトと画家のパメラ・コールマン・スミスは1909年、「ウェイト＝スミス版（ライダー版）」タロットカードを出版します。今日に至るまで、タロットと言ったら「ウェイト＝スミス版」というくらい、世界で爆発的な人気を誇っているタロットカードです。

　黄金の夜明け団は、ヘルメティック・カバラ※の**生命の木**を中心に錬金術、占星術、タロット占い、魔術など膨大な秘教伝統を体系化し、宇宙の原理を理解しようとした組織と言われています。

　生命の木とは、ユダヤ教の秘教である天地創造の象徴を10個の円（セフィロト）と22個の小径（パス）により図式化したものです。10個の円には天体、小アルカナなどが関連付けられ、22個の小径には12星座、四元素、天体、大アルカナ

※ヘルメティック・カバラとは、19世紀、近代西洋魔術の中で重視されるようになり、魔術カバラとも呼ばれる。中世以降のオカルティストや神秘主義派による秘儀的解釈から研究され受け継がれていったものである。生命の木の象徴図が教義の根幹に据えられている事が多い。（ウィキペディアより抜粋）

などが対応しています。「ウェイト＝スミス版」は、マルセイユ版のタロットカードをもとに、生命の木に対応されている占星術のシンボルを取り入れました。冒頭で述べた、カードの絵柄の中に西洋占星術のシンボルが描かれているのはそのためです。

そして小アルカナの数札には、それぞれのカードに具体的な絵柄を施し、絵を見れば直感的に意味を読み取ることができる画期的なタロットカードを誕生させました。

西洋占星術を知ることは、タロットカードを改めて知ることになり、カードがどうしてそのような意味になるのか？　暗記ではなく根本から理解することにつながるのではと思っています。

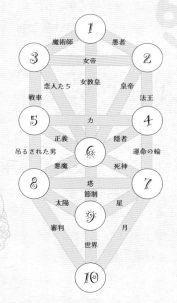

生命の木のパスに対応した大アルカナ
数字は小アルカナの数に対応

本書で使うマカロンタロットは基本的に「ウェイト＝スミス版」に準拠（「8」と「11」の順番はマルセイユ版準拠）しています。

西洋占星術とタロットの特徴

　雑誌やテレビで12星座占いの記事をよく見かけると思いますが、それは西洋占星術を使っています。

　西洋占星術は生年月日と生まれた時間、生まれた場所で占いますが、そのとき空の星がどのように配置されていたのかが、ホロスコープという天体図になります。雑誌に載っている12星座占いは、生まれた時の太陽のことを言っているので、正式には太陽星座と言ってもいいかもしれません。

　小中学校で習った記憶がある、「すいきんちかもくどってんかいめい」は、まさに西洋占星術で使う主な天体となります。ホロスコープは地球を中心にした太陽系の天体の配置なので、この場合「ち」の地球はホロスコープで使う天体には含まれず、「ち」の箇所には公転周期365日という太陽が入ることになります。太陽と月を含み、人は誰でも10個の天体を持っています。それらがホロスコープ上でどのように配置されているのかにより、その人の生まれ持った資質、人生全般の大きな流れを読むことができます。

　このように生年月日で占う占術を**「命術」**と言います。出生図（ネイタルチャート）に描かれているものは生涯変わることはありません。固定されたその人の情報です。四柱推命や算命学、紫微斗数などもこれに当たります。

　逆にタロットは、そのとき偶然引き当てたカードからメッセージを読み取るので、答えはいつも流動的です。彼はどう思っているの？　ＡとＢの間で迷っている、

今現在の心理状態において解決策が欲しいなど、その時々の事を占うにはとても
向いています。この占術を「卜術」と言い、ルーンや易などもこれに当たります。

◆ ホロスコープとタロットを使ったコンビネーションリーディング

　ホロスコープに描かれたその人の変わることのない基本的なデータ（命術）と、
心の動き方に対応できるタロット（卜術）とのコンビネーションで、より深いリ
ーディングを目指すことができます。例えば出生図で「水」の要素が強い人にワ
ンド「火」やソード「風」のカードが出たからと言って、それらを使いこなしま
しょう！　とアドバイスしてもその人にとっては難しいということが分かってき
ます。

　そして、何より一番の醍醐味は大アルカナが出現した時、ホロスコープを通し
て大アルカナの言わんとすることが伝わってくることです。タロットだけで読む
ときも大アルカナは重視します。「悪魔」のカードが出れば、慣れた人ならやぎ
座や土星に何かあると思い浮かべることはできますが、何があるのかは質問者へ
の聞き取りの中で推測することになるでしょう。ホロスコープでは何の分野か、
そのコンディションなどを拾い出すことができます。また、経過（トランジット）
からの影響も読むことができます。大アルカナの出現はその問題に対して質問者
が今、どのような状況にあるのか、秘策や解決方法をピンポイントで指し示して
くれるタロットの神様からのメッセージであり、タロットと西洋占星術のつなが
りを実感することができるでしょう。

　このようにホロスコープとタロットを使ったコンビネーションは、もう一段階
踏み込んだ回答を導きだすことができるのです。

ホロスコープの基礎知識

星座（サイン）
おひつじ座から始まりうお座までのいわゆる12星座（黄道12宮）のこと。春分点を起点として黄道を30度ずつ12等分したもの。それぞれマークで表されています。

天体
現代の西洋占星術で使われる10種類（月・水星・金星・太陽・火星・木星・土星・天王星・海王星・冥王星）の天体をマークで表したもの。

アスペクト
天体同士の角度。主に使われる角度はメジャーアスペクトと言い、以下の通り。0度、60度、90度、120度、180度、それぞれの角度に意味があります。

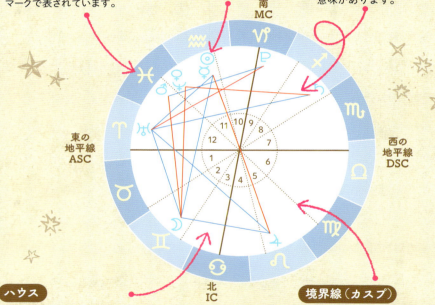

ハウス
12星座の12等分は地球の公転によるものですが、ハウスの12分割は、地球が自転していることで見える日周運動によるものです。生まれた時間と場所によって決められる4つの基準点（アングル）をもとに12に区切ったものがハウスになります。分割の計算方法は多数ありますが、日本では「プラシーダス」が一般的です。それぞれ12のハウスには意味があります。

境界線（カスプ）
ハウスを区切る境界線を「カスプ」と言います。各ハウスの起点となり、カスプにある星座がそのハウスを特徴づけます。

12星座のマーク

おひつじ座	おうし座	ふたご座	かに座
しし座	おとめ座	てんびん座	さそり座
いて座	やぎ座	みずがめ座	うお座

10天体のマーク

太陽	月	水星	金星
			※冥王星のマークは2種類あります。本書では♇を使用します。
火星	木星	土星	
天王星	海王星	冥王星※	

ホロスコープを制作してくれるサイト

ホロスコープを制作できるサイトはいくつかありますが、ここでは無料のサイト、有料のアプリやソフトを紹介します。

Astrodienst
https://www.astro.com/horoscopes/ja
アストロディーンストはスイスのAstrodienst社が運営する最大級の占星術ポータルサイトです。「マイ・アストロ」に登録すると（無料）最大100個のホロスコープが保存できます。また、メニューの「占いの図と計算」から「出生データによるいろんなチャート」より様々な種類の図が作成でき、天文暦（エフェメリス）を表示することもできます。

メトロポリタン占星術
http://www.horoscope-tarot.net/
下町の発明王ことYodaさんが運営する日本の占星術サイトです。
簡単な入力でシングルチャート、二重円などが制作できます。アスペクト表、天体の位置、ハウスのカスプ、サイン区分が表示されます。出生時間が不明の場合は、時刻不明にチェックを入れると「イコールハウス（太陽星座が1ハウスになり30度ずつ等分に分割）」でホロスコープが表示されます。画像利用は出典元を記述の上、使用できます。

さくっとホロスコープ作成
http://nut.sakura.ne.jp/wheel/horo.html
簡単な入力でホロスコープや二重円が制作できます。ハウスシステムはキャンパナス、プラシーダス、ソーラーサインの3種類を選べます。星の位置、アスペクト表、ハウスカスプ、星座区分表のデータが「レポート」のページでまとめて表示でき、制作した図はダウンロードしてブログに貼るなど自由に使用できます。
スマホ版はこちら https://nut.sakura.ne.jp/horoscope/

【有料　占星術アプリ】
Astro Gold
多くのプロ占星術家のニーズに応える機能が満載。占星術アプリとして有名です。日本語版はありません。iPhone、iPad版とAndroid版では機能の違いあり。
iPhone、iPad版
https://apps.apple.com/jp/app/astro-gold/id430270438
Android版
https://play.google.com/store/apps/details?id=com.cosmicapps.astrogold&hl=ja

Chapter 1

タロットとホロスコープを読むための

西洋占星術の基礎知識

占星術の基本を
この章でさくっと勉強しましょう。

★ 12星座
★ 10天体
★ 12ハウス
★ アスペクト

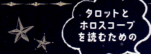

12星座を知ろう

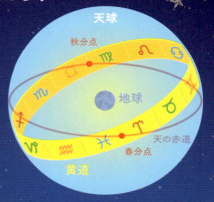

　地球は1年かけて太陽の周りを回りますが、地球にいると太陽が地球を回っているように見えます。図のように、地球から見た太陽の軌跡を**黄道**（こうどう）と言います。地球の赤道を天球に投影した**天の赤道**と黄道は、およそ23.5度の傾きがあり、交差する二点が**春分点**と**秋分点**になります。この春分点を0度、**おひつじ座**の始まりを起点として、反時計回りに30度ずつ12等分したものが占星術の「**黄道12宮**」（The Zodiac Sign）の12星座になります。ここで覚えていてほしいことは、実在の星座（constellation）とは別ものになるということです。西洋占星術の12星座は、実在の星座の名前を借りて黄道上に便宜的に設置された空間であり、12等分された星座はタロットカードと同じように、ものごとの成長過程や普遍的なテーマ、心理、行動のパターンが織りなされた**象徴体系のシステム**と言えます。

　占星術で使う言葉として、例えばおひつじ座なら「白羊宮」という和名の呼び名がありますが、本書では馴染みのある「おひつじ座」を使用します。もうひとつ、占星術で使う星座は「サイン」と呼びますが、本書では初学者が理解しやすいように「星座」を用いています。

12星座は3種類の区分に分けられる

　12という数字は、とても便利で美しい数字です。2や3や4でも割れて、倍にしても5倍にしても分かりやすく、わたしたちの生活に馴染んでいます。12星座も、**二区分**〔男性性（陽）、女性性（陰）〕、**三区分**〔活動、固定（不動）、柔軟〕、**四区分**〔火、風、水、地〕に分類することができます。ホロスコープをリーディングする際、この区分の理解は基本テクニックになり、ホロスコープの特徴や方向性をつかみやすくします。

※リーディングページでは、ホロスコープの下に区分表を表示していますので、参考にして下さい。

12星座の支配星
それぞれの星座を支配する天体

　支配星とはその星座を本拠地とする天体のこと。支配者という意味を持つ「ルーラー（Ruler）」、または「守護星」とも呼ばれています。（※本書では支配星と呼びます）天体からすると、馴染みのある星座（ホーム）ということになります。野球やサッカーに例えるなら、星座は球場やグラウンドを示し、天体は球団やチームを示します。球場（星座）は、球団（天体）が所有、管理するホームと考えると分かりやすいでしょうか。ホームなら馴染みの場所であり、有利な試合運びができるでしょう。この関係を**ルーラーシップ**と言います。星座を支配する天体は次の図の通りになります。

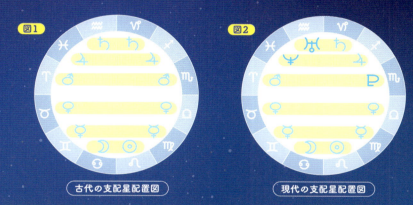

古代の支配星配置図　　　現代の支配星配置図

図1　天王星、海王星、冥王星がまだ発見されていなかった時代の7つの天体の支配星配置図です。かに座としし座に月と太陽が配置され、この二つの星座を境にして公転周期の早い順で各天体が配置されています。ふたご座とおとめ座、おうし座とてんびん座というように、シンメトリーで向かい合う星座が同じ天体を共有しています。

図2　現代の占星術による支配星配置図です。**天王星、海王星、冥王星**が発見されて、**みずがめ座、うお座、さそり座**に配置されました。以前の天体はそれぞれが副支配星になっています。支配星は星座と密接な関係があり、ホロスコープをリーディングする上で重要な知識となります。

12星座の区分

ホロスコープリーディングの際、配置された天体の資質や行動のパターンは、12星座を次のように区分することによって判断しやすくします。

二区分（ポラリティ）

―― 男性
―― 女性

男性星座（陽）奇数　**女性星座（陰）偶数**

12星座を2つに分けると、**能動的**か**受動的**か、ものごとの受け止め方について、どちらかに分けられます。

♈♊♌♎♐♒
男性星座グループ

おひつじ座、ふたご座、しし座、てんびん座、いて座、みずがめ座

男性星座は火と風のエレメントです。上に舞い上がっていく性質があり、外交的です。積極的に自分を打ち出し、エネルギーは表側へ発散する傾向があり、能動的です。

男性星座に対応する小アルカナ

小アルカナの火と風のカードは**ワンド**と**ソード**です。男性性のカードは、事象がビビッドにくっきり出るので、分かりやすい傾向があります。例えば、連絡が来る、来ないはハッキリしています。ワンドとソードの組み合わせは、勢いに乗りやすく◎。ワンド同士は燃え尽きるまで勝負、ソード同士は屁理屈の論破合戦になることも。

♉♋♍♏♑♓
女性星座グループ

おうし座、かに座、おとめ座、さそり座、やぎ座、うお座

女性星座は水と地のエレメントです。下へ沈んでいく性質があり、内向的です。内面の充足、周囲と折り合いを付けながらものごとを進めていく傾向があり、受動的です。

女性星座に対応する小アルカナ

小アルカナの水と地のカードは**カップ**と**ペンタクル**です。女性性のカードは、事象がゆるやかなので、表面的にとらえにくい傾向があります。例えば、内情、心理的問題、情念など。カップとペンタクルの組み合わせは、一体感がうまれやすく◎。カップ同士は根回し合戦に、ペンタクル同士は、「物」対「物」で量が多い方が有利になります。

三区分（クオリティ）

`活動宮` `固定（不動）宮` `柔軟宮`

12星座を3つに分けると、どのような行動パターンにあるのかが分かります。活動宮の基本的特徴は**何かを動かす、始める力**、固定（不動）宮は**確実、蓄積**、柔軟宮は**適応、調整力**になります。

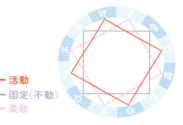

― 活動
― 固定
― 柔軟

活動宮グループ ♈♋♎♑

おひつじ座、かに座、てんびん座、やぎ座

活動宮は、季節の始まりである春分、夏至、秋分、冬至にあたる「基本」という意味の「カーディナル（Cardinal）」と呼ばれる星座です。

おひつじ座（火）かに座（水）てんびん座（風）やぎ座（地）

いつももののの中心になって活動し、言い出しっぺですが、それが定着するとつまらなくなることもしばしば。いつも新しいことに挑んで動き続ける傾向にあります。

固定（不動）宮グループ ♉♌♏♒

おうし座、しし座、さそり座、みずがめ座

固定宮は、季節の盛りにあたる「固定した」という意味の「フィクスト（Fixed）」と呼ばれる星座です。

おうし座（地）しし座（火）さそり座（水）みずがめ座（風）

安定感と持続力を持ち、意志が強く自分なりのこだわりを持っています。容易に予定や目的の変更をしないため、環境への変化に順応するのが難しい傾向にあります。

柔軟宮グループ ♊♍♐♓

ふたご座、おとめ座、いて座、うお座

柔軟宮は、季節の変わり目にあたる「変更可能な」という意味の「ミュータブル（Mutable）」と呼ばれる星座です。

ふたご座（風）おとめ座（地）いて座（火）うお座（水）

人の要望に応え、フレキシブルに動くことができます。その場の雰囲気に合わせて臨機応変に対応しますが、流され易いことも。変化の中で気づきやアイデアが生まれる傾向にあります。

四区分（エレメント）

12星座を4つに分けると、火、風、水、地のエレメントに区分され、性質や価値感、判断基準、考え方などが分かります。**火**の基本的特徴は**情熱的**、**風**は**理性的**、**水**は**感情的**、**地**は**物質的**になります。

―― 火　　―― 水
―― 風　　―― 地

直感的行動
火の星座グループ
おひつじ座／しし座／いて座

火グループ　星座に対応する大アルカナ

活　　　　　固　　　　　柔
皇帝　　　　力　　　　節制

「火」は生きる力と野性的なバイタリティ、原初のパワーです。理屈云々より生きるための行動をするため、分かりやすく純粋です。燃える火は遠くからでも目立ち、人が集まりやすく賑やかです。思い立ったらすぐに行動したい衝動があり、慎重さに欠けることもあるかもしれません。持続性はなく短期決戦、即興、瞬発力で次々と勝負していきます。小アルカナはワンドに対応します。

合理的行動
風の星座グループ
ふたご座／てんびん座／みずがめ座

風グループ　星座に対応する大アルカナ

柔　　　　　活　　　　　固
恋人たち　　正義　　　　星

「風」はどこまでも舞い上がり、壁を越えて隙間でも入り込みます。風の噂、風を読むといった言葉があるように風は情報や伝達、世論などを表します。人とのコミュニケーションに長け、交渉ごとや駆け引きなど知識や知性を活かして切り抜けていきます。感情を挟まない論理的な思考でものごとを公平に扱いますが、ときに人の気持ちを置きざりにしてしまうこともあるかもしれません。小アルカナではソードに対応します。

12星座の区分

情緒的行動
水の星座グループ
かに座／さそり座／うお座

水グループ　星座に対応する大アルカナ
戦車／死神／月

「水は方円の器に随う」ということわざがあるように、どんな器でも順応することから人の気持ちに寄り添って共感し、尽くします。潜在意識からのインスピレーションが表現方法となりやすく、神秘的なことや霊的な世界に違和感なくアクセスし、心理学、芸術の分野でも能力を発揮します。環境や付き合う人に影響されやすく自分を見失ってしまうこともあるかもしれません。小アルカナではカップに対応します。

現実的行動
地の星座グループ
おうし座／おとめ座／やぎ座

地グループ　星座に対応する大アルカナ
法王／隠者／悪魔

「地」は動かないものであることから、安定を好みます。生活の基盤である衣食住を整えるために努力を惜しみません。忍耐強く持久力があります。この世の形あるもの、地位、財産、不動産、権利などに重きを置きます。実務能力に長け、職人気質、物を見る目が備わっているので自分なりのこだわりが強く、好き嫌いがハッキリしています。視野が狭くなり頑固になることもあるかもしれません。小アルカナではペンタクルに対応します。

Chapter 1　タロットとホロスコープを読むための西洋占星術の基礎知識

---

column
区分に関して和名と英語名の用語について

区分について呼び方が和名のものと英語名があるのでここで少し整理してみましょう。二区分を、「陰・陽の極性」という意味で、ポラリティ（polarity）と言います。活動、固定、柔軟の三区分は「特質」という意味で、クオリティ（quality）、または、「様相、様式」という意味のモダリティ（modality）とも言われます。また、「活動、固定、柔軟」の呼び名も「始動、不動、変化」など言い方は様々で、何が正しい正しくないということはありません。

12星座の意味

ひとりでも突っ走りたい 「おひつじ座」

基本スペック
- 期　　間 ：3/21~4/19
- 二 区 分 ：男性星座
- 三 区 分 ：活動
- 四 区 分 ：火
- 支 配 星 ：火星
- 大アルカナ ：皇帝
- 小アルカナ ：ワンド2
  　　　　　　ワンド3
  　　　　　　ワンド4

　春分の日がおひつじ座の始まりになります。360度のホロスコープの0度地点であり一番バッター、切り込み隊長です。威勢がよくスピード感に溢れています。人がなんて言おうと、やってみたいと思えばとりあえずやってみる。うまくいかなければいかないで、それもご愛敬。場の雰囲気の勢いだけはつけて盛り上げていくでしょう。そんなに得意じゃないことにも、チャレンジしていくファイティングスピリットは「火」の星座の勇ましいところです。直感で行動するので見切り発車になることもありますが、まだ誰もやったことのない新しい分野を切り開くには、なくてはならないパワーです。ものを動かすときの初動のエンジン、動いてしまえば、あとは誰かに引き継いでいけばいいのです。何かを始めるとき一番に立ってほしいのはやはり、おひつじ座でしょう。

満足するまで粘る 「おうし座」

基本スペック
- 期　　間 ：4/20~5/20
- 二 区 分 ：女性星座
- 三 区 分 ：固定（不動）
- 四 区 分 ：地
- 支 配 星 ：金星
- 大アルカナ ：法王
- 小アルカナ ：ペンタクル5
  　　　　　　ペンタクル6
  　　　　　　ペンタクル7

　太陽の光にキラキラと透けるまぶしい若葉、植物は一斉に美しい花を咲かせ、幸福感たっぷりの甘い香りを放つ季節。五感をフル活動して、薫る風、土の匂いを感じたい。科学の力でどんなに精巧なイミテーションを生成させたとしても、自然に勝るものはない、本物の良さ、本当の美しさを知っているのが、おうし座です。そんな審美眼を持つおうし座だからこそ、めまぐるしい喧噪の中であってもふと目を向けた先に、誰も気付かないようなドラマティックな光景と出会うことができるのでしょう。その一瞬から受けたインスピレーションをきちんと形に落とし込んで表現できるのが「地」の星座の強みです。頭の中にあるものを着実に実行します。粘り強く何度繰り返しても満足するまで諦めません。故に簡単に人を認めることができない頑固さもあるでしょう。

おひつじ座・おうし座・ふたご座・かに座

ふたご座 Gemini

基本スペック
- 期　　間： 5/21~6/21
- 二 区 分： 男性星座
- 三 区 分： 柔軟
- 四 区 分： 風
- 支 配 星： 水星
- 大アルカナ： 恋人たち
- 小アルカナ： ソード8
　　　　　　ソード9
　　　　　　ソード10

バラエティに富んだ「ふたご座」

　陽の光に誘われて散歩に出てみませんか？　と、どこかへ行きたくなるのがふたご座です。家に居るのはもったいない、かと言ってとてつもなく遠くにいくのは面倒です。近所の馴染みの店や、知り合いに会いに行ったり、情報をシェアしあったり、遊びに行くスケジュールをどんどん立てて、一日に何件もの予定をスパスパこなす器用さがあります。出かけた先で予定や計画が変わったとしても、臨機応変に対応し、ひょっとしたら新しい出会いや発見があるかもしれないと、変化を楽しめてしまうのは、ふたご座がいつまでも年を取らずに若々しくいられる秘訣なのかもしれません。常に頭を使っていないと退屈してしまうのが「風」の星座。考えすぎると堂々めぐりのスパイラルにはまってしまうこともあるでしょう。

かに座 Cancer

基本スペック
- 期　　間： 6/22~7/22
- 二 区 分： 女性星座
- 三 区 分： 活動
- 四 区 分： 水
- 支 配 星： 月
- 大アルカナ： 戦車
- 小アルカナ： カップ2
　　　　　　カップ3
　　　　　　カップ4

共感力を大切にする「かに座」

　北半球において1年のうちで昼が最も長く、夜が最も短い夏至の日はかに座の始まりになります。太陽に感謝する特別な日であり、豊かな自然の中で皆で喜びを分かちあおう!!　というお祭りの日です。「陰極まれば陽に転じ、陽極まれば陰に転ず」という東洋思想の陰陽論ですが、かに座の支配星が「月」なのは陰と陽のバランスをとったようにも思え、陰陽のマークにも似ています。また内側が充実している形でもあり、同じ方を向いて共感し合う仲間とのつながりが生きる原動力になります。国民的ブームやヒット作というのはこの共感力から生まれます。ファミリー、チーム、集団、組織などはかに座の管轄です。防衛本能にも長けるので、外側にあるものを受け入れることが難しくなることもあるでしょう。

どこまでもエンターテイナーの 「しし座」

しし座
Leo

基本スペック
- 期　　間 ： 7/23～8/22
- 二区分 ： 男性星座
- 三区分 ： 固定（不動）
- 四区分 ： 火
- 支配星 ： 太陽
- 大アルカナ ： 力
- 小アルカナ ： ワンド5
　　　　　　　 ワンド6
　　　　　　　 ワンド7

　夏真っ盛り、絶対的な存在の「太陽」を支配星に持つしし座。それ故に自分は人とは違う、頭一つ抜き出ている特別な存在であることを世に知らしめなければ!!　という衝動があるでしょう。舞台の上で華々しく舞い踊るわけは、自分でそう決めた使命感から。誰よりも輝いている存在をアピールするために、ライバルは蹴落としたいし、包み隠さず好き嫌いもハッキリ言います。人の業とはなんたるかを身をもって表現しているのは、ストレートな「火」の星座であるしし座です。なりふり構わない表現であっても、人からどうとられるかは気にしません。むしろそれが周囲を楽しませるパフォーマンスでもあるでしょう。即興でその場をドッと盛り上げる夏祭りのようなパワーは、どこまでいってもしし座がエンターテイナーの源である情熱を持っているからです。

人の要望にせっせと応える 「おとめ座」

おとめ座
Virgo

基本スペック
- 期　　間 ： 8/23～9/23
- 二区分 ： 女性星座
- 三区分 ： 柔軟
- 四区分 ： 地
- 支配星 ： 水星
- 大アルカナ ： 隠者
- 小アルカナ ： ペンタクル8
　　　　　　　 ペンタクル9
　　　　　　　 ペンタクル10

　夏の祭りのあと、とっちらかったものをお片付けしたり、平常へ戻していくのがおとめ座です。前の日にあんなに騒いだことが信じられないというくらい、次の日からいつもの日常に戻る冷静さ、柔軟宮の強みである切り替えの早さで所定の位置に戻れば、坦々と作業に打ち込みます。日々のルーティンを大事にし、毎日の生活をより快適にするために便利なものや役立つものを提唱し、こういうものがあったらいいのに、という周囲のニーズに応える努力を惜しみません。手先が器用であることや、ものを形にする「地」の能力が備わるため、細かいことにこだわり過ぎると、うるさがられたりすることもありますが、それは鋭い観察眼があってこそ。完璧にことをこなしたいという欲求から、つい働き過ぎてしまいがちに。健康問題には注意が必要かもしれません。

しし座・おとめ座・てんびん座・さそり座

さりげなくバランスをとる 「てんびん座」

基本スペック
- 期　　間　：9/23〜10/23
- 二 区 分　：男性星座
- 三 区 分　：活動
- 四 区 分　：風
- 支 配 星　：金星
- 大アルカナ　：正義
- 小アルカナ　：ソード2
  　　　　　　　ソード3
  　　　　　　　ソード4

　太陽の光が心地よく、まるで魔法をかけられたように紅く染まる山々と澄んだ空が美しい季節。「芸術は自然を模倣する」とはアリストテレスの言葉ですが、美しい景色から芸術は生まれ、豊富に採れる美味しいものから美食家が生まれる、というこの季節に生まれたてんびん座の美的センスがうかがえます。昼と夜の長さがほぼ等しい秋分の日がてんびん座の始まりになります。どちらかに偏ることなくものごとを捉え、対等であろうとします。人付き合いはフレンドリーで気さく、程よいクールさで距離感を保つ社交家です。「風」の星座の知性を使ってお互いがウィンウィンになる交渉をさりげなく積極的に仕掛けていきます。人との出会いによって自分の社会的地位を上げますが、理想の相手を求めすぎると本当に必要な出会いを見失うこともあるかもしれません。

一点集中型の 「さそり座」

基本スペック
- 期　　間　：10/24〜11/22
- 二 区 分　：女性星座
- 三 区 分　：固定（不動）
- 四 区 分　：水
- 支 配 星　：冥王星（火星）
- 大アルカナ　：死神
- 小アルカナ　：カップ5
  　　　　　　　カップ6
  　　　　　　　カップ7

　さそり座は「水」の星座の粘着性と固定宮から、一度興味を持ったことはとことん追求し、一点に意識を集中させます。探究心が強く、ひとつのことを掘り下げることにかけては右に出るものはいないでしょう。また、人との心のやりとりに敏感で、情念が強すぎる故の失望を感じることも少なくないかもしれません。その分、人の心の痛みも感じやすく、辛い思いをしている人に敏感です。「死と再生」の異名を持つ冥王星が支配星のさそり座は、タブー視とされる人の生き死にしっかり向き合おうとし、無意識の世界でつながっているご先祖からの恩恵や、何かに守られている不思議な出来事に遭いやすく、何かを引き継ぐ運も持っています。心を無視した合理的な考えを否定する頑固さから、状況への対応が難しいこともあるかもしれません。

25

おおまかにものごとを捉える「いて座」

基本スペック
- 期　　間：11/23〜12/21
- 二区分：男性星座
- 三区分：柔軟
- 四区分：火
- 支配星：木星
- 大アルカナ：節制
- 小アルカナ：ワンド8
　　　　　　　ワンド9
　　　　　　　ワンド10

太陽系の惑星の中で最大サイズの「木星」を支配星に持つついて座は、大きなものや広い世界に目が向きます。ものごとはまずざっくり大きなまとまりでキャッチします。細かいところはさて置き、全体的に形になっていればオッケーという一見アバウトではないかという意見はありつつも、楽観的な大らかさは人に対しても寛容で朗らかです。抽象度の高い芸術、文学などの理解度が高く、1を見たらどれだけでも発想が沸いてくるというアイデアマン。好奇心、探究心が旺盛でとりあえず何にでもチャレンジしてみたいという冒険心が自らの人生を切り開いていきます。いて座の分野が思想、哲学と言われる所以は、ものごとを「概念」で捉える思考の持ち主であるからでしょう。おおよそのものを掴んだら、それは一体何であるのかを探る、知的な旅を続けていくでしょう。

結果にこだわる「やぎ座」

基本スペック
- 期　　間：12/22〜1/19
- 二区分：女性星座
- 三区分：活動
- 四区分：地
- 支配星：土星
- 大アルカナ：悪魔
- 小アルカナ：ペンタクル2
　　　　　　　ペンタクル3
　　　　　　　ペンタクル4

北半球では1年の中で昼が短く、夜が長い冬至の日がやぎ座の始まりになります。やぎ座の定位置はホロスコープの頂点になるMCというポイントであることからも、仕事ではトップを目指す野心家であることがうかがえます。夜が長いという「陰」が際立つ季節、見えない部分での根回しや、人の心理を見極める能力に長けています。リサーチし、策略を練って目的に向かいますが、ハプニングに遭ったときの予定の変更への落胆はその分大きそう。しかし感情をあらわにすることなく思慮深く大人の対応をするでしょう。「地」の星座の確実性から最終的に目的を達成できれば、一見不利なことでも一時的に譲歩するのは計算済み。かに座と対局にあるやぎ座もまた組織や、秩序などの社会の枠組みを管轄する星座です。伝統文化を重んじ、古くからの習慣を大事にします。

いて座・やぎ座・みずがめ座・うお座

基本スペック
期　　間　：1/20～2/18
二区分　：男性星座
三区分　：固定（不動）
四区分　：風
支配星　：天王星（土星）
大アルカナ：星
小アルカナ：ソード5
　　　　　　ソード6
　　　　　　ソード7

ドライさをユニークでカバーする「みずがめ座」

　奇想天外、型破り、エキセントリック、破天荒などのキーワードを持つみずがめ座は、固定観念や先入観に疑問を投げかけ、これまでなんとなくみんなが受け入れてきた不合理な習慣や価値感などに一石を投じます。「風」の星座の合理的思考からすると、しがらみや因習は正直、面倒くさい。そんなものいる？　と少々乱暴に切り捨てようとするドライさがありますが、古くからの習慣でそれを大切に思っている世界があることも確か。一掃させるのではなくユニークな表現で揶揄し、世の中で当たり前だと思っている理不尽さに人々の意識を向けさせ、現状を打ち破っていきます。また、多様性を認める博愛主義者であり、フレンドリーで気さくです。支配星の天王星は「時代天体」と呼ばれる新しい価値観を作る天体であることから、みずがめ座はその役割を担っています。

基本スペック
期　　間　：2/19～3/20
二区分　：女性星座
三区分　：柔軟
四区分　：水
支配星　：海王星（木星）
大アルカナ：月
小アルカナ：カップ8
　　　　　　カップ9
　　　　　　カップ10

ごちゃまぜにして受け入れる「うお座」

　雪が解けはじめ、地中にあるまだ見えないものが動き出そうとする予感めいたものを感じるうお座の季節。「不確か」なものの中に何かあると感じたり、誰も見向きもしないようなことに損得関係なく、目を向けようとします。12番目の最後のうお座は、これまでの星座の集大成とも言えます。4つのエレメントすべての価値感や言い分を、すべてをごちゃまぜにして受け入れてしまうので、いいかげんな人と思われがちですが、同情心に厚いところもあり、清濁併せ持ついろいろな悩みの駆け込み寺になることもあるでしょう。人の心もまた見えないものの象徴であり、その心理を探り、人は誰でも心穏やかに過ごして欲しいと願います。支配星である海王星は、どんな時代であっても人々が夢を持てる世界にすることを、うお座に託しています。

12星座のキーワード

おひつじ座 Aries 		エネルギッシュ、行動的、鋭い直感、怖い物知らず、未開の地、新しい分野を開拓、チャレンジ精神、先頭を切る、負けず嫌い、大胆な行動、スピーディー、情熱的、先駆者、ストレートな表現、表裏がない、リーダーシップ、勇気、せっかち、ひとりよがり、周りに合わせない、短気、衝動的
おうし座 Taurus 		五感に優れる、経済観念、所有欲、堅実、安定志向、慎重派、現実的、忍耐強い、持続力、実体験が大事、美的センス、芸術的才能、職人気質、優れた技量、粘り強い、グルメ、物質的豊かさ、コレクター、真実に忠実、スロースターター、マイペース、独占欲、嫉妬心、愚痴、頑固
ふたご座 Gemini 		情報通、知的好奇心、おしゃべり、陽気、若々しい、コミュニケーション、機転が利く、器用、技芸、柔軟、適応力、軽やか、流行に敏感、スキル、上達が早い、広く浅く、バラエティ豊か、アイデアマン、言語能力、ミーハー、飽きやすい、口が上手い、神経過敏、合理的、二面性、迷いやすい、一貫性がない
かに座 Cancer 		母性本能、親しみやすい、情緒的、感受性豊か、共感力、感情、慈しみ、周りの人に愛情を注ぐ、身内を守る、共感するもの同士グループをつくる、家庭的、家事好き、世話好き、人を育てる、面倒見が良い、献身的、身内思い、郷土愛、防衛本能、保守的、傷つきやすい、さみしがり屋、人見知り
しし座 Leo 		自己表現、自己主張、人前に出る、目立つ、華やか、遊び心、創造力豊か、ドラマティックに演出、誇り高い、プライド、アピール上手、向上心、決断力、ストレートな表現、後腐れがない、リーダーシップ、カリスマ性、頑固、情熱的、エンターテインメント、高慢、見栄張り、支配欲、主導権
おとめ座 Virgo 		ニーズに応える、勤勉、整理整頓、職人気質、機能的、実務、分析力、緻密、実用、事務処理能力、自己管理、修行、健康オタク、几帳面、神経質、ストイック、清楚、冷静、堅実、鋭い観察力、批判的、苦労性、愚痴、欠点が目に付きやすい、潔癖症

28

星座	キーワード
てんびん座 Libra 	バランス感覚、公平性、対等、社交的、丁度いい距離感、クール、協調性、自由に意見を交わす、相手の目線に立つ、スマート、空気を読む、仲介役、客観的視点、交渉事、親切、礼儀正しい、優雅、エレガント、魅力的、美意識が高い、芸術的センス、おしゃれ、中庸、戦略的、合理的、八方美人、淡泊、論理的
さそり座 Scorpio 	一途、一点集中型、真実の追究、探究心、深く掘り下げる、洞察力、共感力、粘り強い、執念深い、こだわり、マニアック、コレクター、無口、我慢、秘密主義、用心深い、不思議な出来事に遭いやすい、変化を避ける、継承、嫉妬深い、頑固、わがまま、強情、制圧的、酔うと本音が出やすい
いて座 Sagittarius 	オープンマインド、素直、無邪気、ナチュラル、ポジティブ、寛大、寛容、おおらか、のびのび、楽天的、順応性、なんとかなる、悩まない、気まま、マイペース、向上心、自由な精神、未知の世界への探究、思想、宗教観、ストレートな表現、スケールが大きい、思い込み、大きく盛る、旅人
やぎ座 Capricorn 	常識人、責任感、信頼第一、社会的評価、社会的立場、組織、堅実、役割分担、経済観念、野心家、結果を出す、働き者、しっかり者、大人の対応、思慮深い、現実的、伝統文化を大事にする、フォーマルな美、合理的判断、戦略的、段取り、管理、決まり事に合わせる、融通が利かない
みずがめ座 Aquarius 	独創的な発想、改革、未来志向、既成概念にとらわれない、自分流、独自性、独立心、こだわり、ユニーク、フラット、クール、ロジカル、ドライ、個人主義、友達、ネットワーク、天才肌、メカに強い、発明、自由でいたい、平等意識、反抗心、強情、頑固、そっけない、変わり者
うお座 Pisces 	夢やロマンに酔う、感受性豊か、直感的、共感力、同情心に厚い、信仰心、受容力、福祉、介護、ボランティア、人助け、献身的、自己犠牲、芸術性、神秘世界に浸りやすい、幻想的な美、空想好き、愛に溺れる、ムードに酔う、内面に閉じこもる、優柔不断、隙がある、情に流される、依存、受け身

Chapter 1 タロットとホロスコープを読むための西洋占星術の基礎知識

29

10天体を知ろう

タロットとホロスコープを読むための

ホロスコープを読むときに登場する主な10個の天体とは、恒星（自ら光りを発して輝く天体）である**太陽**と、地球の衛星である月と、**太陽系の7天体**と太陽系外縁天体の**冥王星**の**10個の天体**です。冥王星は2006年まで太陽系天体とされていましたが、国際天文学連合の定義により外されました。西洋占星術では引き続き用いられています。

個人天体
個人の行動や性格、日常的なことに影響を与える天体グループ

社会天体
社会に影響を与える天体グループ

時代天体
時代に影響を与える天体グループ

天体は何を表すの？

上の図に記した月、水星、金星、太陽、火星※の**個人天体**は、日常で使う個人の能力を読む天体であり、パーソナルな特徴を示す天体です。（※火星は社会天体に分類されることもあります）**社会天体**は、その人が社会活動において社会とどう関わっていくのかを表す天体です。**時代天体**は、日常生活では感じにくく、無意識の中にあるものや、世代によって感じる意識、時代が作る価値感などを表します。天体はホロスコープを生きたものとさせる役割を担っています。

天体の並びは人の成長過程とリンクしています

　私たちが住む地球のまわりをぐるぐる回っている**月**は一番身近な天体であり、生まれたときの素の自分を表します。幼少期に育った環境がその人の人格形成に影響するとし、その人の土台が作られていく時期です。次の**水星**になると、コミュニケーションの発達段階となり、知性を育む学童期になります。**金星**では、恋をしたり、自意識が高まる思春期〜青年期を過ごし、次の**太陽**では、人生の方向性を見出し、目標を掲げ、世間に見せる自分を表現していく活動期になります。そして**火星**は、気力、体力共にみなぎり、太陽期で掲げた方向性を実現するために、しゃかりきに頑張る働き盛りの時となります。公転周期が早い順に、月、水星、金星、太陽、火星と並ぶここまでの天体は**個人天体**と呼ばれ、ホロスコープでその人の資質を見る上で、大事な**五つの天体**となります。特に太陽と月はライツ（Lights）＝光り輝くものと呼ばれ、その人の特徴を色濃く映し出します。

　木星では、受容力が高まり、すっかり人が丸くなって、社会的な成功や幸運を得られるとき。**土星**は、集大成ともいえる社会的な成果を残していく時期となり、木星と土星の二つ天体は**社会天体**と呼ばれ、社会貢献や社会的役割を担っていく天体になります。

　天王星では、社会の枠組み関係なく独自路線を行き、**海王星**で、目には見えない世界へとつながり、**冥王星**は、魂やあの世の世界へ。この三つの天体は**トランスサタニアン**という土星より外側を公転する天体で、**時代天体**と呼ばれます。みんなが共通する既存の価値観や概念を打ち破っていくパワーがあり、新しい時代の価値観を作っていきます。

　人の人生を10段階で物語った各天体の特徴ですが、天体にはそれぞれ**年齢域**があります。その年齢になった時にホロスコープの天体を意識的に発達させることで、自分らしい生き方や、今何をすべきかが分かってくるでしょう。

天体の意味

個人天体

月
The Moon

基本スペック
年齢域　：0～7歳（幼少期）
対応星座：かに座
公転周期：約28日
星座運行期間：2.5日
大アルカナ対応：女教皇

素の自分　私生活　生活習慣

　月は無意識でいる時の素の自分です。安心できる身内といる時、家の中でリラックスしているプライベートな姿です。人と付き合ってみたときイメージが違った、と感じることがあれば、それは太陽（表の顔）と月（素顔）の落差があるからかもしれません。そのときの気分や、情緒的な揺れ、潜在意識からの直観も月の分野になります。ホロスコープで月がある星座やハウスは、そんなに頑張らなくてもその星座やハウスが示すことに関して自然にできてしまったり、いつもの習慣といった癖を表します。また、月は女性性天体なので母を、男性のホロスコープでは妻を、広い意味では大衆や一般市民を表します。

個人天体

水星
Mercury

基本スペック
年齢域　：8～15歳（学童期）
対応星座：ふたご座・おとめ座
公転周期：約88日
星座運行期間：約19日（順行時）
大アルカナ対応：魔術師

思考力　順応性　仕事のスキル

　公転周期は月の次に早いため、常に動いている身軽な天体ということから、頭の回転や流通、移動などを表します。月は人に見せることのない素の自分の姿でしたが、水星は一歩外へ出たときの身近な社会での振る舞いを表します。周囲とのコミュニケーション、情報収集、仕事の仕方など、自分の考えを人に伝えるための表現方法です。また、水星は神経系を司り、運動能力や瞬発力、閃きやアイデア、手先の器用さも示します。逆行になると、誤解や流通のストップ、遅延、文書の行き違い、サーバーダウンなどのトラブルが起きやすくなります。

月・水星・金星・太陽

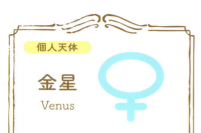

個人天体

金星
Venus

基本スペック
年齢域　：16〜25歳（思春期〜）
対応星座：おうし座・てんびん座
公転周期：約225日
星座運行期間：約24日（順行時）
大アルカナ対応：女帝（正義）

美しいもの　恋愛傾向
愛情表現　金銭感覚

　金星は水星で身につけた技術や表現に磨きをかけていく段階です。美しく仕上げる、芸術作品に昇華させ、楽しむ、愛でるという感受性です。可愛い、美しいと思うものに愛情を表現していくことは人生の喜びであり、ものごとの調和、平和にもつながるでしょう。占星術で恋愛を占いたいときは金星をチェックします。どんな恋愛傾向にあるのか、どんな人が好みなのか、金星は女性性の天体なので男性のホロスコープでは好みのタイプの女性を表します。また、趣味や美味しいもの、お金の稼ぎ方や金銭感覚も金星が司る分野です。

個人天体

太陽
The Sun

基本スペック
年齢域　：26〜35歳
対応星座：しし座
公転周期：約365日
星座運行期間：約30日
大アルカナ対応：太陽（力）

人生の方向性　目的　公の顔

　太陽は自ら熱と光を放ち続ける圧倒的な存在であり、西洋占星術では重要な天体になります。個人のホロスコープでは、その人の生き方の総合的な特徴を決定付けていくものとなります。月は家の中で見せるプライベートな顔でしたが、太陽は表に対して見せている顔であり、こうありたいと思う自分の姿です。何を目的に、何を掲げて生きていくのか、自主的に取り組んでいくことで、自分の太陽を輝かせることができるでしょう。太陽は男性性天体なので、女性のホロスコープにおいては配偶者やパートナー、または父を表すこともあります。

火星・木星

個人天体

火星
Mars

基本スペック
- 年齢域　　：36〜45歳
- 対応星座　：おひつじ座
- 公転周期　：約687日
- 星座運行期間：約40日〜（順行時）
- 大アルカナ対応：皇帝

情熱　行動力　やる気　闘争心

　太陽で目標や方向性を定めたあと、どのような行動によりそれを実現させるのか。一通りの社会的マナーや仕事の技術を習得したら、その武器を使って戦いを挑んでいきます。社会の中で自分の力をどこまで試すことができるのか、行けるところまで行こうとする積極的なチャレンジが火星の本能であり、社会に爪痕を残そうとするでしょう。ただ、この爆発的なエネルギーのコントロールを誤ると事故やトラブルにつながることも。女性のホロスコープでは、男性との関わり方や、理想の男性像を読むことができます。（結婚相手の場合は太陽を読みます）

社会天体

木星
Jupiter

基本スペック
- 年齢域　　：46〜55歳
- 対応星座　：いて座（うお座）
- 公転周期　：約12年
- 星座運行期間：約1年
- 大アルカナ対応：運命の輪
　　　　　　　　（節制）

拡大と発展　幸運をもたらすもの

　がむしゃらな火星期でやってきたことが実を結ぶ木星期。あくせく働かなくても報酬が得られたり、積んできた経験が円熟味を増してきます。寛容であったり、器を広げることで発展していくでしょう。ただ、気を付けたいのは良いことも悪いことも大きくしてしまうことです。木星は「社会天体」に区分され、1年ごとにひとつの星座を巡ります。1年スパンで社会に起こる気運を見たり、各々の運勢においても幸運を掴むきっかけとなる天体です。出生図のホロスコープで木星があるハウスや星座は、人生を発展させる暗示があり、成功に導きます。

土星・天王星

社会天体

土星
Saturn

基本スペック
年齢域　：56〜70歳
対応星座：やぎ座
公転周期：約29.5年
星座運行期間：約2.4年
大アルカナ対応：世界
　　　　　　　（悪魔）

試練　責任　持久力　安定性

土星は社会の枠組みや規律、マナー、一般常識、やるべき事をやっているかパトロールする役目も担い、基盤作りを推し進めてくる天体です。出生図のホロスコープの土星は、苦手意識やコンプレックスを抱く所と言われますが、「試練の星」と言われる所以は、各々に到達したい目標があるからこそ。乗り越えることで成長につなげよと、心の師でもあるかのごとく導きます。土星が一周して巡ってくる29〜30歳頃と、その倍数ごとの年齢のときにやってくるサターンリターンでは、ひとつのけじめとして覚悟をもって何かに取り組むことが起こります。

時代天体

天王星
Uranus

基本スペック
年齢域　：71〜84歳
対応星座：みずがめ座
公転周期：約84年
星座運行期間：約7年
大アルカナ対応：愚者
　　　　　　　（星）

改革　独立　分離　自由　解放
テクノロジーの進歩　将来のビジョン

土星が作る枠組みを越えて、新しい未来を切り開こうとする天王星は、予測不能の突発的な出来事や、予想外の発想により、人々の価値感に変化を起こさせる天体です。「時代天体」に区分され、ひとつの星座に7年もの間滞在し、殊に技術革新において目覚ましい進歩をとげていきます。出生図のホロスコープに個人天体とのアスペクトがある場合や、経過（トランジット）により、何かのきっかけで人生が激変する傾向があり、自立したり、変化することで独創性を開花させることができるでしょう。

Chapter 1　タロットとホロスコープを読むための西洋占星術の基礎知識

35

海王星・冥王星

時代天体

海王星
Neptune

基本スペック
- 年齢域　　：85歳～
- 対応星座　：うお座
- 公転周期　：約165年
- 星座運行期間：約14年
- 大アルカナ対応：吊るされた男
　　　　　　　（月）

夢　幻想　無意識　救済　奉仕　芸術　目に見えないもの

　海王星は人々が思い描く夢や憧れを象徴します。公転周期は約165年とあって、人の一生で海王星リターンを見届けることはできないことからも、海王星が引き起こす事象は人智の及ばないことがらを表しています。時空を超えた世界や、超常現象やサイキック、シンクロニシティ、説明できない不思議な出来事などは、集合的無意識を司る海王星が扱うところです。出生図のホロスコープや経過（トランジット）により、その人の感性や夢見るもの、まだ見ぬポテンシャルを読むことができます。

時代天体

冥王星
Pluto

基本スペック
- 年齢域　　：死後
- 対応星座　：さそり座
- 公転周期　：約248年
- 星座運行期間：約14～26年
- 大アルカナ対応：審判
　　　　　　　（死神）

破壊と再建　死と再生　極端　一変させる力　絶対権力

　冥王星は占星術で使う10天体の中で、一番外側を運行する天体であることから「極限」を意味します。破壊的な問題や出来事をきっかけに人々の価値感を根底から覆してしまう得体の知れない力を秘めています。ひとつの星座に10年以上という長い期間留まるので、時代的な特徴として現れます。出生図のホロスコープで個人天体、またはトランジットとのアスペクトがある場合、それは人生において変容をもたらすテーマを表すでしょう。

各星座の天体を読むためのヒント

　12星座×10天体にはそれぞれ無数の意味や解釈がありますが、たとえば「おひつじ座の太陽」なら、基本的な特徴がスッとイメージできることを目標に、ここまで12星座と10天体を勉強してきたことを応用して、28ページのキーワード表や、12星座の意味のページを見ながらエクササイズしてみましょう！！

　出生図のホロスコープで、おひつじ座に太陽があったとします。**太陽は人生の目的や方向性**を表す天体でしたね。これは33ページの10天体の意味のページで確認できます。その**太陽がおひつじ座の性質**を持っていることになります。28ページの12星座のキーワード表のおひつじ座の一覧を見て、キーワードの中から連想されることを言葉にしてみましょう。

　たとえば、「**先頭を切って新しい分野を切り開く**」特徴を持った太陽と読めますし、または「**情熱を注げるものにチャレンジ精神を燃やす**」と読むこともできるでしょう。22ページの12星座の説明ページのワードも参考にすると、「**一人でも突っ走ってやりたいことがある**」太陽とも読めますね。
　このように、まずは**基本的なキーワードからイメージを膨らませて**練習をしてみましょう。

　では、「おひつじ座の水星」はどうでしょう。
　水星は思考力やコミュニケーション、情報収集、仕事スキルなどを表します。「**ストレートな表現で、表裏のない分かりやすい**」コミュニケーションと読むことができそうです。ネガティブな面を読むなら「**せっかちであまり人に合わせることをしない**」と読むこともできるでしょう。

　ホロスコープはマークでしか表されていませんので、最初は難しく、ちんぷんかんぷんかもしれません。でも、このように簡単なワードでも、自分の言葉で読めるようになってくると面白くなるでしょう！！

タロットとホロスコープを読むための 12ハウスを知ろう

ハウス（室）とは、**人生の活動のステージ**を12の段階で表したものです。各ハウスが示すステージは人生で経験する**身の回りのできごと**を表しています。例えば5ハウスは恋愛、7ハウスは結婚、10ハウスは仕事というように。天体がどのハウスにあるのかによって、その力が**どんなステージで活かされ活動するのか**を読むことができます。また、ハウスの1から12までの順番は、天体と同じように人の成長を段階的に象徴したものであり、対になるハウス（例えば1－7、2－8ハウス）は相関関係になっています。（42ページで確認してみましょう）

4つのアングルをもとに、分割されたものが「ハウス」です

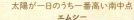

アングルとは？
黄道上に地平線と子午線が交わった4つの基準点。アセンダントとディセンダント、MCとIC、この二本の軸からできる十字ポイントのこと。

時計回り？反時計回り？
ハウスは**地球の自転**により時計回りに動き、24時間で一回転します。一方、天体は**地球の公転**により、反時計回りに動きます。

ASC アセンダント
太陽が昇ってくる
東の地平線の上昇点

DSC ディセンダント
太陽が沈んでいく
西の地平線の下降点

アセンダント
生まれた瞬間、生まれた場所から見る東の地平線に昇ってきた星座のこと。その人が放つエネルギーと存在感を示す重要なポイントになり、人から見た第一印象を表すとも言われています。

太陽、月、ASCの役割
太陽と月はライツと言われるその人のパーソナルな部分を担う主要天体です。アセンダントは社会でのその人の個性や振る舞いを表しホロスコープの全体的なイメージを受け持っています。

12星座と12ハウスのちがい

12星座は春分点を起点に黄道を30度ずつ、**太陽の1年の動きを12等分**したものです。
ハウスは4つのアングルを起点に**太陽の1日の動きを12分割**したものです。

4つのアングル

ASC アセンダント
生まれた瞬間、黄道が東の地平線と交わる点のことを言い、第1ハウスの起点になります。**その人の見た目の印象**や、**本人が気付いていない性格**なども表したりします。また、前後5〜10度近辺に天体がある場合は「**ライジングプラネット**」と言って、その人の個性を引き立たせる大きな特徴になります。

DSC ディセンダント
アセンダントの反対側がディセンダントです。7ハウスの起点になり、自分を示す1ハウスの真向かいにあり、対人関係を表します。**出会う人**や、**他者**、**パートナー**からどう影響を受けるのか、前後5〜10度近辺に天体がある場合はその影響が色濃く出ます。

MC エムシー
MCは10ハウスの起点になり、ホロスコープで一番高いところ、到達点です。その人の**社会的な顔**、**向いている仕事の職種**、**仕事のスタイル**など、前後5〜10度近辺に天体がある場合は「**カルミネート**」していると言って、目立つ要素になります。

IC アイシー
ICはMCの反対側であり、4ハウスの起点です。MCが社会的活動ならICは私的な活動（プライベート）です。**こころのより所**や、**安心できる場所**、**家族のあり方**、**アイデンティティ**となる基本的なことを表します。前後5〜10度近辺に天体がある場合はその影響が色濃く出ます。

ハウスの分割方法（ハウスシステム）

ハウスの分割には様々なシステムがありますが、本書では日本で一般に広く使用されている**プラシーダス**を用いています。※時間と場所（緯度）によって計算されるシステムで、高緯度地域ではハウスの広さが極端になる欠点があります。

出生時間が分からない場合はどうしたらいい？

出生時間が分からない場合はアセンダントを計算できないので、ハウスを使ってホロスコープを読むことができません。それを解決する分割方法はいくつかありますが、本書のリーディングページで出生時間が不明の実例は、**ソーラーサインハウス**を用いています。

ソーラーサインハウスは太陽がある星座を1ハウスにして各星座を30度ずつ等分に分ける方法です。例えば太陽がうお座13度の場合は、うお座の0度が1ハウスの起点（アセンダント）になり、右の図のようになります。

※ハウスの分割方法は、数え切れないほど様々な種類があります。占星術アプリなどでは色々なハウスシステムを選べるようになっていますので、色々試して自分なりに納得できるものを使ってみて下さい。

12 ハウスを知ろう

ハウスの意味

各ハウスの意味を見てみましょう。ハウスはバラバラな意味を持つわけではなく、1から2、2から3といった**進化のプロセス**があります。また、反対側にあるハウス同士は**相関関係**を持ち、お互いに補い合っています。例えば2ハウスは「私が稼いだお金」に対して、8ハウスは「譲り受けたお金」というように、対向する2つのハウスは一組で考えると分かりやすいでしょう。次のページで詳細を確認してみましょう。

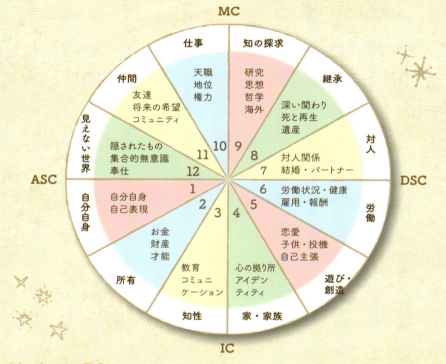

12ハウスの三区分

4つのアングル（ASC IC DSC MC）の起点になる1、4、7、10ハウスは「アンギュラー（angular）ハウス」と言われ、12星座の活動宮に対応します。2、5、8、11ハウスは「サクシーデント（succedent）ハウス」と呼ばれ、固定宮に対応します。3、6、9、12ハウスの「カデント（cadent）ハウス」は柔軟宮に対応しています。

ホロスコープの東西と南北のエリア

天体がどのエリアにあるか特徴を読んでみましょう。

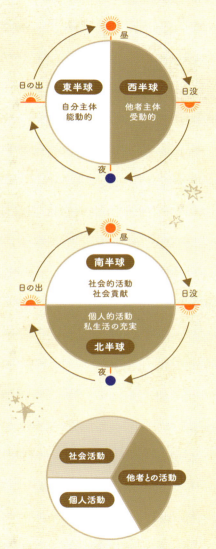

東西のエリア
　東半球（10〜3ハウス）はICから太陽が昇っていくエリアですので勢いがあり、自分主体で能動的に行動します。西半球（4〜9ハウス）はMCから太陽が下っていくエリアにあり、他者主体のものに協力していくという受動的傾向にあります。

南北のエリア
　北半球（1〜6ハウス）は地平線の下の部分、夜を表していますので、人からは目につきにくいエリアになります。ここに天体が多い場合はプライベートの充実に重きを置く、または自宅を仕事場にするなどの傾向があります。南半球（7〜12ハウス）は昼間を表し、見えるエリアになります。外に向かった活動は人の目につきやすく、社会活動が認められやすいでしょう。

12ハウスの3つのエリア
　「個人活動」の1〜4ハウスは、個人主体のプライベートを重視し、自分が実感できる価値を見出します。「他者との活動」の5〜8ハウスは人と協力することで自分の価値を見出すエリアに。「社会活動」の9〜12ハウスは、社会の中で役割を果たし、評価を得ることで価値を見出すエリアです。この流れは12ハウスが段階的に成長していく過程を3つのグループに分けたものです。経過（トランジット）の天体や、この本では触れていませんが、進行（プログレス）の月がどのエリアにいるかで、今の自分のテーマが見えてくるでしょう。

41

12のハウス　進化のプロセスと相関関係

タロットとホロスコープを読むための 12ハウスを知ろう

1ハウス

自分自身のハウス。誕生したばかりの状態、自我、生命力、ありのままで純粋、**無自覚な私のキャラクター**。ものごとの**始まり**、新しいことが始まる、とりあえず「私」を**アピール**することが大事。
7ハウスの「対人」と相関関係。

2ハウス

「誕生」後、生きるために必要なものを揃える**所有**のハウス。**衣食住の安定**が大事。金銭感覚、経済観念、五感や美的感覚、本物志向、**持って生まれた才能でお金を稼ぐ**。
8ハウスの「他人のお金」と相関関係。

3ハウス

「手に入れたもの」を使い、**色々なこと**をしたくなる**知性**のハウス。**コミュニケーション**、スキル獲得、近場、身の回りのこと、初等教育。常に**好奇心**を刺激され、**流行**を追いかけることが大事。
9ハウスの「遠方、思想、哲学」と相関関係。

7ハウス

「修行」を終えたらいよいよ社会にデビューする**対人**のハウス。**結婚相手の特徴や結婚生活のスタイル、契約、事業の共同者、取引相手、パートナーシップ**を築くことが大事。**出会い**によって自分を確立する。
1ハウスの「私」と相関関係。

8ハウス

「対人」の「所有物（2ハウスの）」を**継承**するハウス。何かを引き継ぐ、**宿命的な縁、人との密な関係**が大事。**共感力**と情の厚さで無意識に物質的な運を**引き寄せる**。遺産、配偶者の経済状況、**他人のお金**。
2ハウスの「私のお金」と相関関係。

9ハウス

「しがらみ」から逃れ、広い世界へ精神の高みを目指す**知の探究**ハウス。**思想、哲学、専門知識**、高等教育、異文化交流、**海外での活動**、遠い所、移住など。**未知の世界へチャレンジ**することが大事。
3ハウスの「近場、初等教育」と相関関係。

42

ハウスの順番のつながりと、対になるハウスの関係性を確認してみましょう。

4ハウス

身につけた「知性」を支える基盤、**家・家族**のハウス。家庭環境、地域の共同体、**プライベート**な空間、住居のこと、親しい人との関係、**エネルギーチャージ**ができる「安息の地」が大事。
10ハウスの外での「仕事」と相関関係。

5ハウス

「家」でたっぷり充電したら好きなことがしたくなる**遊び・創造**のハウス。**恋愛**、子供のこと、娯楽、趣味、道楽、**自己表現**、**自己主張**。自分を盛り上げて楽しくなることが大事。
11ハウスの「みんなでつくる主義主張」と相関関係。

6ハウス

6ハウスは1〜5ハウスで築いてきた個人的活動の総括です。7ハウスで社会デビューするため**他者の要求に応える労働**のハウス。働き方、職場環境、健康管理、修行、**人の役に立つ仕事**が大事。
12ハウスの「慈善活動」と相関関係。

10ハウス

「広い世界」から特定の組織へ、**社会的成功**を目指す**仕事**のハウス。**就職**、出世、天職、業績、名誉、社会的立場、**キャリア**の発展、管理職、社会参加、社会貢献など。**ステイタス**を確立していくことが大事。
4ハウスの「安息の地」と相関関係。

11ハウス

「組織」から飛び出し、志を同じくする**仲間**のハウス。**友達**、サークル、クラブ活動、**未来への取り組み**、**改革**、仕事以外の活動、コミュニティ、「みんなでつくる**主義主張**」が大事。5ハウスの「ひとりで盛り上がる自己主張」と相関関係。

12ハウス

12ハウスは全てのハウスの総括です。**目に見えない世界**のハウス。メディアやネット、精神世界、裏方仕事、自己犠牲、慈善活動、潜在意識、引きこもり、秘密など。**魂の自立**と**内面の充足**が大事。
6ハウスの「人の役に立つ仕事」と相関関係。

タロットとホロスコープを読むための

12ハウスを知ろう

天体が入っているハウスはどう読むの？

　12のハウスは人生における様々なステージや分野を表しています。ハウスはその人が生まれた瞬間の時間と場所によって計算された、その人独自のものです。

　10個の天体はそれぞれのステージでどのように活動しその人の人生を輝かせていくのか、天体が入るハウスを読み解いてみましょう。

太陽が入るハウスは、**人生の方向性、目的**を表す分野になります。人生を通して意識するもの、生涯のテーマとなるでしょう。

月が入るハウスは、**心のより所**になります。安心する場所や無意識にそうしてしまっていること、またエネルギーをチャージできる分野になります。

水星が入るハウスは、**得意なこと**の分野になります。興味のあることや、勉強したいこと、その道のスペシャリストになったり、職業になることもあるでしょう。

金星が入るハウスは、**楽しみや喜び**のステージになります。恋愛傾向や趣味など、自分の才能でお金を稼ぐ分野にもなります。男性のホロスコープでは好きなタイプの女性も表します。

火星が入るハウスは、**情熱を燃やす**ステージになります。積極的に関わって、やる気や意欲を示すことができるでしょう。女性のホロスコープでは好きな男性のタイプを表します。また、コンディションによってトラブルが起きやすい分野となることも。

木星が入るハウスは、**拡大・発展**する分野になります。そんなに努力をしている自覚がなくても、うまくいくでしょう。また、コンディションによっては、良くも悪くもコントロールしないと増えすぎることの弊害が生じることも。

土星が入るハウスは、**苦手、試練や困難**を与えられる分野となることも。使いこなすまでには時間がかかりますが、経験を積んでいくことで、自分のものになっていくでしょう。

天王星が入るハウスは、**改革**をこころみていく分野になります。その分野における既存の概念に囚われることなく、自由で新しい価値観を生み出そうと試行錯誤するでしょう。また、予測不能の中断、別れ、分離などの憂き目に遭うことも。変化を恐れないことが大切です。

海王星が入るハウスは、**夢を見る**分野になります。叶えたい夢や憧れ、イメージによる幻想を抱きやすく、無意識からのパワーでその分野での活動がとんでもなく広がることも。また、ハッキリしない不安に悩まされることもあるかもしれません。

冥王星が入るハウスは、**異様なこだわり**を持つか、**全く手に負えない**分野になるか、ふたつに一つになりやすく極端です。時代背景によって影響されることもあるでしょう。また、強制的な変化、支配されるなどコントロールが難しい反面、すさまじい再生力を発揮することも。

天体が入っていないハウスはどう読むの?

ハウスに天体が入っていないからと言って金運がないのか、結婚運がないのかと思われがちですが、そんなことはありません。そんな時はそのハウスの**カスプ（境界線）**の**支配星（ルーラー）**により、その運勢を読むことができます。星座の支配星の表を見ながら、例を見てみましょう。

例） ホロスコープの中でアングル（軸）の境界線を持つ1（自分）、4（家族）、7（パートナー）、10（仕事）ハウスは目立つハウスと言われ、気になるところです。1ハウスのカスプはアセンダントと同じ星座になります。アセンダントの星座は、その人の行動パターンや人から見たイメージ（雰囲気）を表し、その人全体を総括する星座と言っていいくらい重要な星座になります。1ハウスに天体がある場合でも同じ見方をしますが、ライジングスター（アセンダント近辺の天体）と呼ばれる天体がある場合は、その天体の特徴も加味されます。

このホロスコープは目立つハウスと言われる1、4、7、10ハウスのうち1、4ハウスに天体が入っていませんので、1ハウス（アセンダント）と4ハウスを見てみましょう。
（7ハウスは5度前ルールにより、6ハウスにある天体は7ハウスにあると見なしています。）

①**ハウスのカスプ（境界線）の星座** ②**その星座の支配星** ③**支配星があるハウス**をチェックする手順とします。

①**アセンダント**は**おとめ座**です。この人はおとめ座の行動パターンと雰囲気を持っています。

②おとめ座の支配星は**水星**です。これを**チャートルーラー**と呼びます。（アセンダントの支配星）

③チャートルーラー（水星）は**8ハウス**にあります。チャートルーラーがあるハウスは、人生の上で主に活動する分野やステージになります。8ハウスのステージは「継承、相続」など、故に、この人はこの分野にエネルギーを使っていくことになるでしょう。

①**4ハウス**のカスプは**いて座**です。
②いて座の支配星は**木星**になり、
③その支配星（木星）は**10ハウス**にあります。

10ハウスのステージは「仕事」です。この人は家庭の事情や身の回りで起こることに影響をうけて仕事の職種を選んでいきそうです。家業を継いだり、親と同じ仕事に就くこともありそうです。または、住居関係の仕事も考えられます。

星座	支配星（ルーラー）
♈ おひつじ座	♂ 火星
♉ おうし座	♀ 金星
♊ ふたご座	☿ 水星
♋ かに座	☽ 月
♌ しし座	☉ 太陽
♍ おとめ座	☿ 水星
♎ てんびん座	♀ 金星
♏ さそり座	♇ 冥王星（♂ 火星）
♐ いて座	♃ 木星
♑ やぎ座	♄ 土星
♒ みずがめ座	♅ 天王星（♄ 土星）
♓ うお座	♆ 海王星（♃ 木星）

タロットとホロスコープを読むための アスペクトを知ろう

　ホロスコープは天体同士の角度である「**アスペクト**」が読めるようになってくると更に面白くなります。1つの天体が他の天体と関わって、科学反応のような新たな性質を生み出すこともあるでしょう。お互いの特徴を引き出したり、試練を与え合うなど、どのように影響し合っているのか読み解くことができます。主に使われる**メジャーアスペクト**には**ソフトアスペクト**、**ハードアスペクト**と呼ばれるものがあり、ここではそれらを紹介します。

メジャーアスペクト

ソフトアスペクト

☌ **0度** コンジャンクション
2つの天体がほぼ同じ位置（度数）にあること。アスペクトの中でも**最強**。その性質が良くも悪くも強調されます。

△ **120度** トライン
調和的なアスペクト
2つの天体が調和的にやりとりし合います。基本的に同じエレメントで構成されているので、違和感なくそれぞれの良さを引き出します。

✶ **60度** セクスタイル
（セクステル）
調和的なアスペクト
120度（トライン）の半分の角度。トラインと同じく温和な角度です。こちらは基本的に2つのエレメントで構成されているので、違う発想の2つ良さがスムーズに引き出されます。

ハードアスペクト

□ **90度** スクエア
矛盾のアスペクト
180度（オポジション）の半分の角度。2つの天体に葛藤が生じます。お互いを否定し合いますが、逆境や困難を乗り越えるには必要なアスペクトとも。

☍ **180度** オポジション
緊張のアスペクト
真っ向にある天体が対立し合う角度。向き合わないといけないことや、何かを表や外に打ち出すときには必要なアスペクト。

⚻ **150度** クインカンクス
（インコンジャンクト）
性質の異なる星同士、ギクシャクしながらも調整を繰り返し、結果的に新しいものを生み出すという困難と努力のアスペクト。
※150度をマイナーアスペクトとしている場合もあります。

アスペクトのオーブって？

アスペクトの誤差の許容度数を**オーブ**と言います。何度以内に設定するのか、**厳密な決まりはありません**が、本書のリーディングページの鑑定では、**太陽と月の場合は最大で8度**くらい見ています。もちろん、**誤差が少ないものほど意味合いはハッキリ**してきます。また、アスペクトの種類によってオーブの範囲は異なります。下の表は太陽や月が加わった場合の許容度とそれ以外です。本書では次の通りのオーブを設定しています。

アスペクト	マーク	角度	（太陽や月が加わった）許容度	（それ以外の場合）許容度
コンジャンクション	☌	0度	±8度	±6度
オポジション	☍	180度	±8度	±6度
トライン	△	120度	±8度	±6度
スクエア	□	90度	±8度	±6度
セクスタイル	✶	60度	±6度	±4度
クインカンクス（インコンジャンクト）	⚻	150度	±6度	±4度

アスペクト表

最初のうちはアスペクトを見つけるのは難しいかもしれません。そんなときに役立つのはアスペクト表です。各天体の一覧の横軸と縦軸を伝っていったところにマークがあれば、その天体同士のアスペクトが分かります。webサイトやアプリでホロスコープを制作したとき、このようなアスペクト表が表示されるので活用しましょう。

ホロスコープを見ながら、表で確認できればアスペクトを見落とすことがありません。ホロスコープ制作サイトによってオーブを広めに設定してあることもありますので、度数のチェックは必ずしましょう。

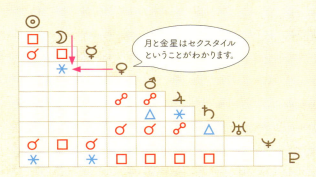

月と金星はセクスタイルということがわかります。

複合アスペクト

3つ以上の天体が形成するアスペクトです。ホロスコープの中にこのような図形がある場合は、強い影響を発揮すると言われています。ここに紹介する以外にもアスペクトはたくさんありますが、まずは主要なアスペクトを見てみましょう。

グランドトライン
ソフトアスペクト

3つの天体がそれぞれ120度を形成し、大三角形を作ります。同じエレメントとの形成で何事もスムーズですが、他の価値観が入る余地がなく、成長を問われるアスペクトとも言われます。

ミニトライン（小三角形）
ソフトアスペクト

トラインにセクスタイルが加わった小さな三角形。何事もスムーズですが、2つの違うエレメントで形成され、別の価値観が加わります。環境に甘んじることなく努力できるアスペクト。三角形の頂点にある天体に注目。

メディエーション（調停）
ソフトアスペクト

緊張のオポジションに60度と120度のソフトアスペクトが加わります。対立している所に落とし所をつけて解決します。調停しているポイントにきている天体に注目します。

Tスクエア
ハードアスペクト

オポジションにスクエアが加わったアスペクト。葛藤や自問自答が多くなりがちですが、チャレンジと挫折を繰り返すことで、大きな成長と、成果を上げられるでしょう。三角形の頂点の天体に注目します。

グランドクロス
ハードアスペクト

4つのスクエアと2つのオポジションの組み合わせによる十字架。すべて違うエレメントで形成され、三区分のどれかの性質によってその行動は極端に。人生が波乱になりがちですが、強烈な個性で何かを成し遂げます。

グランドコンジャンクション

3つ以上の天体が一箇所にまとまって0度を形成するアスペクト。矛盾する天体同士だと干渉し合うこともありますが、これら天体があるハウスはホロスコープの中でも強調されます。天体が集中していることを「**ステリウム**」と言います。

ノーアスペクト
どの天体ともメジャーアスペクトをとっていません。おとなしくおさまっているか、爆発的に発動されるか、どちらかと言われています。
発動させる方法として、メジャーアスペクトをとれる経過（トランジット）の天体を利用するか、この天体にアスペクトする位置に天体を持っている人と関係を持つといいかもしれません。

ヨッド
セクスタイルに2つのクインカンクス（インコンジャンクト）が加わった二等辺三角形。なんらかの使命を果たす、宿命的なものを暗示させるアスペクトと呼ばれています。突出した三角形の頂点に注目します。

> **マイナーアスペクト**
>
> メジャーがあれば、もちろんマイナーもあります。マイナーアスペクトの影響力は弱めと言われていますが、別の占術で使用することがあります。本書では使用していませんが、以下のような種類があります。
>
> ★ 30度（セミセクスタイル）
> ★ 45度（セミスクエア）
> ★ 135度（セスキコードレート）
> ★ 72度（キンタイル）
> ★ 144度（バイキンタイル）
>
> まずはメジャーアスペクトをしっかり勉強しましょう。

経過（トランジット）の天体とのアスペクトで未来を予測

　出生図（ネイタルチャート）に、現在進行中のホロスコープを重ね、天体からどのような影響を受けるのかを知ることができます。これを経過図（トランジットチャート）と言います。1年に1度、ひとつの星座を移動する木星が出生図の天体にどうアスペクトしているか見てみましょう。**木星から影響を受ける天体は良くも悪くも拡大、発展します。** ひとつの星座に2年半滞在する**土星**もチェックします。

　出生図の太陽、月、アングルにハードアスペクトを作るときは**何らかの試練を乗り越える時期**と読め、ソフトアスペクトの場合は、**基盤を作る時期**だったり、**支援を受ける**と見たりします。リーディングページの鑑定では経過の天体とのアスペクトを使った事例があるので参考ください。

内側が出生図、外側が経過図になります。一般的には進行図をふくめた三重円を使うことが多いですが本書では、進行図は使用していません。

アスペクトを見るときのコツ

　ここまで12の星座、10個の天体、12のハウス、アスペクトを勉強してきましたが、ホロスコープをリーディングできる要素はすべて揃いました。これらが絡み合ってホロスコープを作り上げていることがお分かりいただけましたでしょうか。ホロスコープを読んでいくと、その人の人格はひとつではないと思えますし、表面には見えていなくても複雑で色々な側面を持っているのが分かります。

　暗号のようなホロスコープを読むということは、お宝を探し当てる大海原を航海するようなものかもしれません。その大海原を前に、まずどこを目指したらいいのか、何から見ていいのか迷うことがあるでしょう。お宝を探し当てるためにはまず、どこに焦点を合わせるのか、見たい項目を決めてホロスコープを読んでみるといいでしょう。

　例えば仕事運を見たいと決めたら、まず太陽（人生の目標）をチェック、カルミネートしている天体は何か、10ハウス、6ハウス、2ハウスにある天体のコンディション、またMC（社会的な顔）にアスペクトしている天体があるかどうか、ひとつひとつ手順を踏んで読んでみましょう。

　アスペクトは、天体と天体が何らかの角度で**つながることで生まれるエネルギー**や、その人の**行動パターン**、**具体的なこととして現れる現象**などを表します。その中で際立ったアスペクトがあれば、それを重要視しましょう。

　1ハウス、4ハウス、7ハウス、10ハウスは縦横の軸（アセンダント、ディセンダント、MC、IC）に沿った場所になり、勢いのあるハウスです。ここに天体があってなんらかのアスペクトを形成していれば、現れる現象は目立ちやすくなり、自己実現しやすいと読むことができます。

　コンジャンクション、オポジション、スクエアもその人の人生の上で際立つ意味を持ち、生きていく上で通過しないわけにはいかない事柄となります。

　もちろん、月、太陽、アセンダントへのアスペクトも見逃せません。その人の根幹を成す天体とポイントとなりますので、迷ったときには立ち返ってみましょう。

Chapter 2

タロットと
ホロスコープ
を読むための

大アルカナ

対応する星座や
天体との共通点を確認しながら
勉強していきましょう。

大アルカナ 「黄金の夜明け団」による星座との対応

　タロットカードと西洋占星術とのリンクは、18世紀に遡り、タロット研究者たちに考案されてきた経緯を経て、現在では「黄金の夜明け団」により定式化されたものが一般的になっています。天王星、海王星、冥王星については、3つのエレメント（「風」に天王星、「水」に海王星、「火」に冥王星）が当てはめられていましたが、本書では、後に団員のポール・フォスター・ケース氏によって考案された（天王星に「愚者」、海王星に「吊るされた男」、冥王星に「審判」）対応を使用しています。

　「愚者」のカードを最初に置くか最後に置くか、いろいろな解釈がありますが、本書の主旨から天体の公転周期の早い方から順を追っていることもあり、「魔術師」からのスタートとし、「愚者」を後に置いています。

大アルカナ解説ページの使い方

(占星術との対応) 「星座」に対応するものと「天体」に対応する2つがあります。右ページでその配置図をチェックしてみましょう。

(天体) 公転周期とその年齢域の基本データと、「天体」もしくは「星座」の基本的特徴、ホロスコープではその「天体」もしくは「星座」は何を象徴しているのかをまとめています。

実践占いのガイドとして、カードの人物像をいくつか記したあとに、カードの特徴と対応する「天体」もしくは「星座」との共通点をまとめています。

(総合キーワード) カードと対応する「天体」もしくは「星座」に共通するキーワードをまとめています。左側は比較的ポジティブ、右側は少々ネガティブなワードになっています。ここに挙げたキーワードは一部にしか過ぎません。思いついたことはどんどん加えてみましょう!!

大アルカナ　星座と支配星との対応表

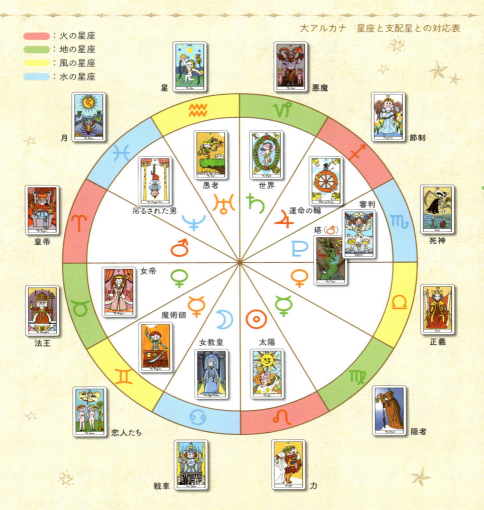

　大アルカナは12の星座と10個の天体に対応しています。ホロスコープの外側に配置されている12枚のカードは星座に対応しています。内側に記している天体は、その星座の支配星（ルーラー）です。その支配星に対応しているのが、内側に配置された10枚のカードです。「塔」のカードは火星に対応していますが、天王星、海王星、冥王星がまだ発見されていなかった頃の占星術は、火星がおひつじ座とさそり座を掛け持ちで支配していました。このことから本書では「塔」をさそり座側に配置しています。このように俯瞰から眺めてみると、星座と支配星、カードの関係性が理解しやすいでしょう。

魔術師
The Magician

意志をもって、創造しはじめる

天からのインスピレーションを受信したら、机の上にあるものを（身近なもの）使って、とりあえず何かを始めてみよう。

占星術との対応 — 水星

水星は太陽系の中で太陽に一番近く、公転周期は約88日、ひとつの星座を順行で約19日で通過します。年齢域は8歳から15歳。家族以外の他人と意思疎通し、読み書きを覚え、健やかなときを育むときです。コミュニケーションの取り方や知性の発露は、ホロスコープ（出生図）の水星を見ます。
※年齢域は7歳からという説もあります。

総合キーワード
- アイデアが降りてくる
- 口がうまい
- 軽快な身のこなし
- マルチプレーヤー
- 手先が器用
- 熱しやすく冷めやすい

魔術師がイメージする人物像は、若者、フレッシュな人、新人、年をとっていても若々しい雰囲気を持った人たちです。常に好奇心は旺盛で、面白そうと思うことは何でもやりたいと思うでしょう。後先は考えず、色々な人と関わる社交性があり、損得勘定なしに素直に人と付き合います。自信のある態度は、実績やキャリアあってのものではなく、地頭の良さだったりします。水星はふたご座とおとめ座の支配星ですが、魔術師は、ふたご座的です。ふたご座のバラエティに富んだ世界観、情報収集力、小回りが利く軽快さは魔術師にも共通しています。

女教皇
The High Priestess

直観と知性

ものごとの道理を理解し、
無意識の中で直感を研ぎ澄まし、
まだ知らない英知を受け取ろう。

Chapter 2 タロットとホロスコープを読むための 大アルカナ

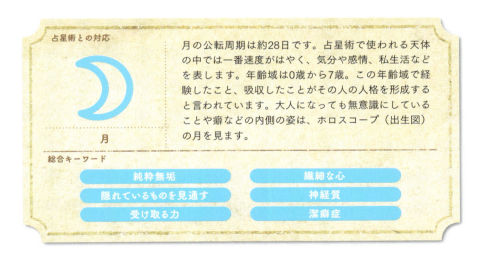

占星術との対応

月

月の公転周期は約28日です。占星術で使われる天体の中では一番速度がはやく、気分や感情、私生活などを表します。年齢域は0歳から7歳。この年齢域で経験したこと、吸収したことがその人の人格を形成すると言われています。大人になっても無意識にしていることや癖などの内側の姿は、ホロスコープ（出生図）の月を見ます。

総合キーワード

- 純粋無垢
- 繊細な心
- 隠れているものを見通す
- 神経質
- 受け取る力
- 潔癖症

女教皇がイメージする人物像は、少女、学生、理知的な人などです。上記に述べた年齢域から言っても感情をコントロールするには未熟な段階です。少女の純粋で感じやすい乙女心は、経験値に達していないことや、許容できないものに絶望したり、反抗したり、些細なことでも心が揺れてしまうでしょう。それは月が姿を変えて巡っていくことに似ています。月はかに座の支配星です。ホロスコープでのかに座の定位置は、安心できる場所や、より処を示す4ハウスです。心の奥底（無意識）にアクセスする入り口でもあり、女教皇は感じ取ったものに忠実です。

55

女帝
The Empress

生み、育てる喜び

すべてが光り輝き、愛に満ちています。
そこから生み出されるものを育て、
豊かさを享受しよう。

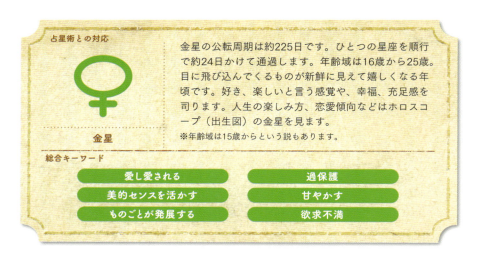

占星術との対応

金星

金星の公転周期は約225日です。ひとつの星座を順行で約24日かけて通過します。年齢域は16歳から25歳。目に飛び込んでくるものが新鮮に見えて嬉しくなる年頃です。好き、楽しいと言う感覚や、幸福、充足感を司ります。人生の楽しみ方、恋愛傾向などはホロスコープ（出生図）の金星を見ます。

※年齢域は15歳からという説もあります。

総合キーワード

- 愛し愛される
- 美的センスを活かす
- ものごとが発展する
- 過保護
- 甘やかす
- 欲求不満

女帝がイメージする人物像は、愛情豊かな母、妻、恋人であり、理想的な女性像です。すべてを慈しみ、思いやりを持って行動します。女帝の周りでは、ものごとが発展し活気にあふれます。女性だから分かる女性のための商品開発やアイデアが受け、ビジネスにつながることもありそうです。このカードが出たら、結婚や出産を暗示します。心の扉を開き、受け入れる気持ちがあれば何も心配することはないでしょう。金星はおうし座と、てんびん座の支配星ですが、女帝はおうし座に対応します。「地」のエレメントの物質的な豊かさは、リッチな女帝に共通します。

皇帝
The Emperor

リーダーシップを発揮する

よりよい環境を作るため、
バイタリティを持って
行動しよう。

占星術との対応

おひつじ座

おひつじ座の始まりは、春分です。黄道12宮の起点、スタート地点です。そのため誰よりも速く何かをやりたい衝動があり、一番目であることにこだわりがあります。考えるより先に体が行動し、ライバルがいると燃えてきます。おひつじ座に個人天体がある場合、そこは積極性を持った個性を表します。

総合キーワード

- 積極的行動
- 後腐れがない
- 直球ストレート
- 忙し過ぎる
- 頭に血がのぼる
- 独断専行

皇帝がイメージする人物像は、厳格な父、上司、社長、リーダー的存在の人たちです。ものごとの基盤を作り、統制し、組織の秩序を保つため、管理をする責任も担います。やるべきことにエネルギーを集中させ、実行していきます。大きな仕事を動かしていくには少々強引でも突破していく力が必要です。皇帝の玉座には牡羊の頭が彫刻され、赤いマントにも牡羊がプリントされているように、皇帝はおひつじ座に対応しています。おひつじ座も、道なき道を先頭を切ってゆくパイオニア精神の持ち主であり、皇帝の野心と力強さに通じています。

法王
The Hierophant

普遍的な価値観からの教えと導き

正しい行いとは何か、
良きアドバイスに耳を傾けてみよう。

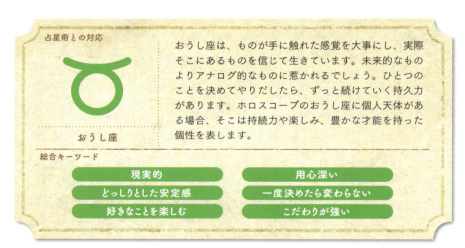

占星術との対応

おうし座

おうし座は、ものが手に触れた感覚を大事にし、実際そこにあるものを信じて生きています。未来的なものよりアナログ的なものに惹かれるでしょう。ひとつのことを決めてやりだしたら、ずっと続けていく持久力があります。ホロスコープのおうし座に個人天体がある場合、そこは持続力や楽しみ、豊かな才能を持った個性を表します。

総合キーワード

- 現実的
- どっしりとした安定感
- 好きなことを楽しむ
- 用心深い
- 一度決めたら変わらない
- こだわりが強い

法王がイメージする人物像は、信頼できる人、おじいちゃん、師匠、アドバイザーや紹介者などの人たちです。法王は天で受け取った神の意志を地につなげ、その叡智を人々に伝え、教え、精神的に導く存在です。おうし座は「地」の星座であり、物質的な豊かさと、安定を求めます。同時に、快・不快にも敏感な研ぎ澄まされた五感の持ち主です。美しいものに触れたとき、心が満たされていくように、幸せは物質だけから得られるものではなく、「精神」から得られることも知っています。平穏な心の安定が、おうし座の求める安定感に通じています。

恋人たち
The Lovers

出会いは自分を照らすもの

出会った瞬間の
直感やフィーリングに従って、
選んでみよう。

占星術との対応

ふたご座

ふたご座は、とにかく落ち着きなく動き回り、好奇心はとどまるところを知りません。獲得した知識はすぐ人に教えてシェアしたい、知らないことは体験してみたい！と思うでしょう。ホロスコープのふたご座に個人天体がある場合、そこは多種多様なバラエティに富み、落ち着きなく動き回る個性を表します。

総合キーワード

- フットワークが軽い
- そのとき考えていることがすべて
- コミュニケーションがしたい
- 自由でいたい
- 面白いことはすぐ人に伝えたい
- すぐ飽きる

恋人たちがイメージする人物像は、カップル、若い男女、人気者、流行に敏感な人、おしゃれでかわいい人たちなどです。1枚目から5枚目までのカードは対象となる人は出てきませんが、この6枚目で初めて自分以外の誰かが登場します。出会いは自分を映す鏡でもあり、恋の予感を感じさせます。絵柄では男の子が女の子を見つめながら蛇にも目線を送っています。ふたご座は興味の対象があちこちへ向く星座です。ふたつの事柄で悩んだり、板挟みになりながら同時にこなす器用さもあります。ふたつの間で揺れる迷いは、恋人たちと重なります。

戦車
The Chariot

動き回ることで勝利する

目標を定めたら、
自分らしさを生かす
戦いに出よう。

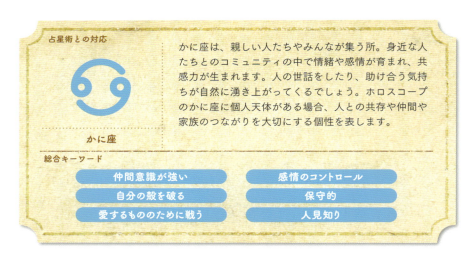

占星術との対応

かに座

かに座は、親しい人たちやみんなが集う所。身近な人たちとのコミュニティの中で情緒や感情が育まれ、共感力が生まれます。人の世話をしたり、助け合う気持ちが自然に湧き上がってくるでしょう。ホロスコープのかに座に個人天体がある場合、人との共存や仲間や家族のつながりを大切にする個性を表します。

総合キーワード

- 仲間意識が強い
- 自分の殻を破る
- 愛するもののために戦う
- 感情のコントロール
- 保守的
- 人見知り

戦車がイメージする人物像は、若い人、忙しい人、頑張っている人、御曹司、ドライバーやアスリートなどです。戦車に乗っている王子は女帝と皇帝の息子であり、後に皇帝となる人物です。周囲に見守られる環境の中で、思い切り活躍することができるでしょう。戦車の天蓋は、守られた囲いであり、「蟹」でいうなら殻の部分かもしれません。育った背景から生まれたアイデンティティを生かし、自分らしい生き方に挑戦していきます。理性と本能を象徴する2頭のスフィンクスをコントロールし、戦車を乗りこなします。戦車の背景は、かに座の慣れ親しんだ場所や環境、それを守りたい本能と共通しています。

正義
Justice

真実に従い、正しい判断をする

己を正し、相手を正す、
互いのよりよい道を探り、
バランスをとろう。

占星術との対応

てんびん座

てんびん座は、さりげなく誰とでもコミュニケーションがとれる社交家です。相手と自分の都合を考えて、絶妙なバランスで距離をとり、感情に流されることなく、客観的な視点から状況を見極めます。ホロスコープのてんびん座に個人天体がある場合、バランス力をもった、クールで何ごとにも洗練されている個性を表します。

総合キーワード

- 教養やマナーを身につけている
- 他者の立場を考えた行動力
- 両立させる力
- 打算的
- 合理的思考
- ドライ

正義がイメージする人物像は、お行儀が良い、育ちが良い、正義感が強い、仲裁に入る人、公務員、法律家、組織の中の人などです。正義のカードが出たときは、契約に関すること、例えば入籍、入社など正式な手続きを踏むなど、役所に提出する案件全般にも関係します。てんびん座は「風」のエレメントであり、正義はその象徴であるソードを扱っています。シンボルそのものである天秤を持っていることからも、すべての均衡を図ることが役目となります。てんびん座も正義も、誰かに肩入れすることなく公平に誰とでも対等に接しようと中立的なスタンスを保つ共通点が見て取れます。

Chapter 2 タロットとホロスコープを読むための大アルカナ

隠者
The Hermit

真実の光に導かれ、ひとり静かに内省する

内なる自分を目覚めさせ、
一筋の道を究めよう。

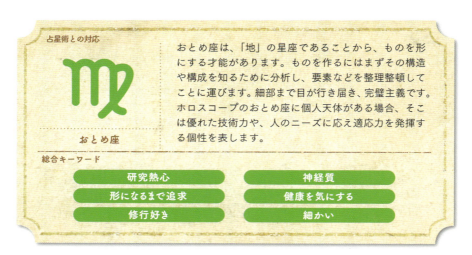

占星術との対応

おとめ座

おとめ座は、「地」の星座であることから、ものを形にする才能があります。ものを作るにはまずその構造や構成を知るために分析し、要素などを整理整頓してことに運びます。細部まで目が行き届き、完璧主義です。ホロスコープのおとめ座に個人天体がある場合、そこは優れた技術力や、人のニーズに応え適応力を発揮する個性を表します。

総合キーワード

- 研究熱心
- 形になるまで追求
- 修行好き
- 神経質
- 健康を気にする
- 細かい

隠者がイメージする人物像は、その道を極めている人、研究家、知識人、隠居、先人、老成した人、医者、オタクなどの人たちです。精神性が極まった「9」番目はMAXの数字なので、ものごとが動いていく気配はありません。隠者が佇んでいる場所は人里離れた山奥で凍り付いています。六芒星を灯したランタンは真実の光、照らされた過去（左）の方向をじっと見つめる隠者は、内省することで自己の成長につなげようとしています。このカードは「奥義を伝授する」とも言われていますが、おとめ座が完璧を求めてものごとに取り組んでいく姿は隠者に似ているかもしれません。

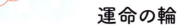

運命の輪
Wheel of Fortune

新たなサイクルのはじまり

変化のとき！
ラッキーチャンスをつかもう。

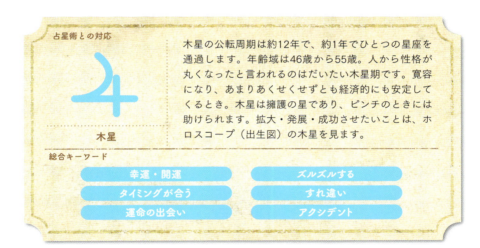

占星術との対応

♃

木星

木星の公転周期は約12年で、約1年でひとつの星座を通過します。年齢域は46歳から55歳。人から性格が丸くなったと言われるのはだいたい木星期です。寛容になり、あまりあくせくせずとも経済的にも安定してくるとき。木星は擁護の星であり、ピンチのときには助けられます。拡大・発展・成功させたいことは、ホロスコープ（出生図）の木星を見ます。

総合キーワード

- 幸運・開運
- タイミングが合う
- 運命の出会い
- ズルズルする
- すれ違い
- アクシデント

運命の輪がイメージする人物像は、ラッキーな人、人気者、チャンスをゲットする人、ブレイクしている人、異文化の人、大らかな人などです。良い兆しや変化の接近、幸運を示すカードであり、予期せぬタイミングでラッキーが舞い込んできます。カードの四隅にいる聖獣たちは書物を持っていて、まだ勉強中です。だからと言って尻込みしていたらチャンスは通り過ぎてしまうでしょう。準備万端でなくとも、今できることを活かしてチャレンジする気持ちが大切です。この流れに乗ることは人生のターニングポイントにもなるでしょう。大きな幸運の導きが木星との共通項になります。

Chapter 2 タロットとホロスコープを読むための 大アルカナ

力
Strength

勇気と忍耐と理性で本能を調和

受け入れ、
理解し、
幸福につなげよう。

占星術との対応

しし座

しし座は、映画のシーンのようにドラマティックなシチュエーションを思い描き、自分にスポットライトが当たるよう積極的に活動します。「火」のエレメントであり、固定宮であり支配星は太陽であることからも、絶えず燃え続け、人を惹きつける存在感を放っています。ホロスコープのしし座に個人天体がある場合、自己表現する活気ある個性を表します。

総合キーワード

- 気高い精神力
- 目立ちたがり屋
- 華やかに輝く
- 見栄を張る
- 自己主張
- はったりをかける

力のカードがイメージする人物像は、忍耐強い人、心のより所になる人、難題に立ち向かう人、調教師、訓練士、飼育員、尊敬できる人などです。猛獣であるライオンを素手であやしている女性が描かれています。ライオンは、人間の本能から湧き出る欲望や自我を象徴しています。暴れるライオンを叩いて抑えるのではなく、噛まれても勇気を持って受け入れ、向き合い、忍耐と理性で調和していくことが困難を克服する力になり、幸福につなげていくことができるのでしょう。湧き上がる衝動をどう昇華して自己実現していくのか、しし座との共通テーマになっています。

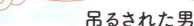

吊るされた男
The Hanged Man

犠牲を払うことで見えてくるもの

見方を変えて、
これまでの価値観を
超えて行こう。

Chapter 2 タロットとホロスコープを読むための大アルカナ

占星術との対応

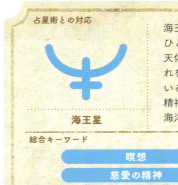

海王星

海王星の公転周期は約165年、平均して約13～14年で、ひとつの星座を通過します。年齢域は85歳～。時代天体として区分され、その世代が共通して持つ夢や憧れを象徴します。ホロスコープで海王星が強調されていると、夢を見る、ファンタジー、イマジネーション、精神世界、芸術、占い、福祉関係、心理学、水商売、海洋関係などに関連することがあるでしょう。

総合キーワード

瞑想	現実逃避
慈愛の精神	混沌
目に見えないもの	依存

吊るされた男がイメージする人物像は、苦労に耐える人、身動きできない人、尽くす人、ボランティア活動の人、支えになる人などです。吊るされている体勢はとても苦しく辛いでしょうが、頭からは後光が差し、ある種のトランス状態に陥りながら、忘我の中に光を見ています。誰も気付くことのない人の苦しみや、表面上には見えないすべての人の痛みを背負い、自分が吊るされ犠牲になることで、救われる世界があると信じています。このカードが出たときは、逆境の中だからこそ感じた気付きを大切にすることです。その気付きが海王星とリンクして時代を塗り替えていくきっかけとなるでしょう。

65

死神
Deth

終わりがあるから始まりがある

決断のとき、
心機一転、
新しく生まれ変わろう。

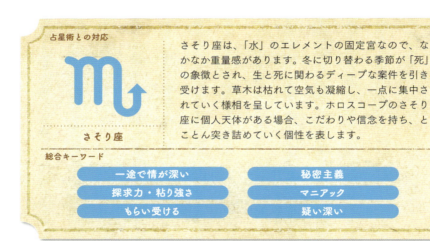

占星術との対応

さそり座

さそり座は、「水」のエレメントの固定宮なので、なかなか重量感があります。冬に切り替わる季節が「死」の象徴とされ、生と死に関わるディープな案件を引き受けます。草木は枯れて空気も凝縮し、一点に集中されていく様相を呈しています。ホロスコープのさそり座に個人天体がある場合、こだわりや信念を持ち、とことん突き詰めていく個性を表します。

総合キーワード

- 一途で情が深い
- 探求力・粘り強さ
- もらい受ける
- 秘密主義
- マニアック
- 疑い深い

死神のカードがイメージする人物像は、キャラの濃い人、病気や事故から回復した人、代わりがきかない人、誰かの生まれ変わりなどです。怖いイメージがありますが、実際に死ぬわけではありません。「ものごとには必ず始めと終わりがあり、生あるものは必ず死に、栄えるものはいつか滅びる」とは中国の思想の言葉ですが、ついにそのときが来たと、自分の中で納得し、違う次元に方向を変える、踏み切りを付けられるかどうかと死神は問うています。カルマを断ち切り、自分の中の「死」を受け入れたなら復活を果たすことができるでしょう。「死と再生」がさそり座との共通テーマになっています。

節制
Temperance

無意識と意識の融合

異なるものを混ぜ合わせ、
新しいものを
つくってみよう。

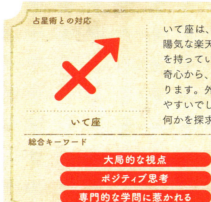

占星術との対応 — いて座

いて座は、「火」のエレメントで柔軟宮です。明るく陽気な楽天家でどんな人とも仲良くなれるおおらかさを持っています。まだ知らないことを学ぼうとする好奇心から、大きな世界に飛び出したいという願望があります。外国に縁があったり、異文化にも興味を持ちやすいでしょう。いて座に個人天体がある場合、常に何かを探求し続け、高みを目指す個性を表します。

総合キーワード
- 大局的な視点
- ポジティブ思考
- 専門的な学問に惹かれる
- 大まか
- 細かいことは気にしない
- 飽きるのも早い

節制がイメージする人物像は、穏やかな人、節度ある人、おおらかな人、ナチュラルな人、分け隔てなく交流する人などです。泉のほとりでふたつの水差しから水を流し込んでいる女性は、異なるものを混ぜ合わせ、新たなものをつくり出そうとしています。節制のカードは抽象度が高く、理解が難しいと言われていますが、無意識と意識を融合し、交流させることは、表現や芸術を理解することにも関係し、分からないものを分かるようになるプロセスでもあります。既成概念から枠を外し、自分なりの理解をしていくことが大切です。抽象的概念を探求する、いて座との共通点になるでしょう。

悪魔
The Devil

欲望と理性の葛藤

自身の勇気が試される、
こだわるポイントはどこなのか
見極めよう。

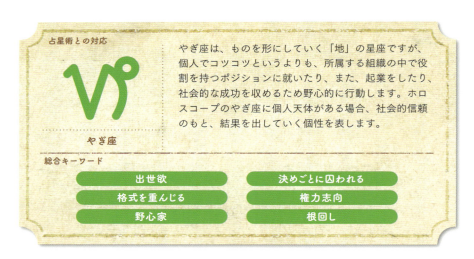

占星術との対応 — やぎ座

やぎ座は、ものを形にしていく「地」の星座ですが、個人でコツコツというよりも、所属する組織の中で役割を持つポジションに就いたり、また、起業をしたり、社会的な成功を収めるため野心的に行動します。ホロスコープのやぎ座に個人天体がある場合、社会的信頼のもと、結果を出していく個性を表します。

総合キーワード
- 出世欲
- 格式を重んじる
- 野心家
- 決めごとに囚われる
- 権力志向
- 根回し

悪魔のカードがイメージする人物像は、誘惑する人、権力で押さえつける人、腐れ縁の人、強欲な人、拝金主義の人、小悪魔など。誰の中にもある欲望は、それぞれ人の数だけあり、渦巻いています。欲望に囚われてしまったアダムとイブが描かれていますが、欲望を実現させようと行動を起こすとき、倫理観が問われます。やぎ座は真面目な努力家ですが、くたびれ損にならない戦略を持っています。努力するからには、その代償としてトップランナーとしての地位、ステイタス、権力を獲得します。ある意味、悪魔との契約なのかもしれませんが、だからこそ良識的な大人の対応で自身を律しているでしょう。

塔
The Tower

崩れ落ちる現実

すべてを受け入れて、
真実を
見つめ直そう。

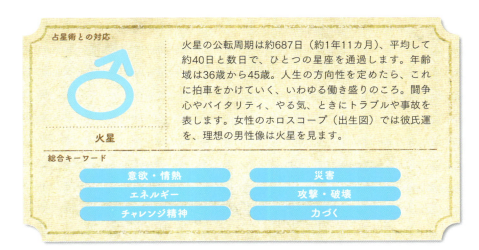

占星術との対応 — 火星

火星の公転周期は約687日（約1年11カ月）、平均して約40日と数日で、ひとつの星座を通過します。年齢域は36歳から45歳。人生の方向性を定めたら、これに拍車をかけていく、いわゆる働き盛りのころ。闘争心やバイタリティ、やる気、ときにトラブルや事故を表します。女性のホロスコープ（出生図）では彼氏運を、理想の男性像は火星を見ます。

総合キーワード

- 意欲・情熱
- エネルギー
- チャレンジ精神
- 災害
- 攻撃・破壊
- 力づく

塔がイメージする人物像は、怒っている人、トラブルメーカー、ケンカしている人、災難に遭っている人などです。人間の行きすぎたエゴの象徴である「塔」に、神の怒りの鉄槌が下り、何もかも打ち砕いています。ショッキングな出来事が起きてしまった以上、問題と向き合い乗り越えることがテーマとなります。昔の占星術で火星は、おひつじ座とさそり座の支配星でした。おひつじ座に対応する「皇帝」と「塔」はどちらも戦いのカードとされ、火星はマレフィック（凶星）天体に区分されていました。同時に創造性や意欲、原動力を持っているのも火星です。「塔」の破壊と再建という相反するパワーが共通します。

星
The Star

夜空に希望を見出す

思い描いた
理想の未来に向けて
一歩一歩進もう。

占星術との対応：みずがめ座

夜空に希望を見出すみずがめ座は、既成概念の枠から飛び出した発想と、オリジナリティあふれる個性の持ち主です。多様性を受け入れ、人も自分も自由でありたいと願っています。未来的なものに反応し、面倒なことや古いものを捨て去る潔さがあります。ホロスコープのみずがめ座に個人天体がある場合、自由と平等、未来へのビジョンを掲げる個性を表します。

総合キーワード
- 明るい兆し
- 志の同じ仲間との交流
- 大きなビジョン
- 非現実的
- 遠い道のり
- 高過ぎる理想や目標

星がイメージする人物像は、理想のタイプの人、夢を追いかけている人、年齢より若く見える人、スターなど。大きく輝く星（シリウス）は希望や願望を叶える導きの星です。地球上のもの以外の大きな力を信じ、未来へ願いを込めています。また、瞑想によって生命の泉（潜在意識）を活性化させ、インスピレーションを得ています。星は遠くにあることから、願いを叶えるまでに時間がかかると言われますが、未来を切り開く一歩は小さな閃きからであり、いつもピュアでいることが大切です。みんなが共存できる自由な世界を求めて、未来を見据える視点が、みずがめ座と共通します。

月
The Moon

不安の奥に潜むもの

本当の自分の内面と、
こころのままに、
向き合ってみよう。

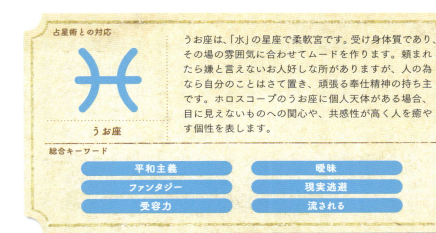

占星術との対応

うお座は、「水」の星座で柔軟宮です。受け身体質であり、その場の雰囲気に合わせてムードを作ります。頼まれたら嫌と言えないお人好しな所がありますが、人の為なら自分のことはさて置き、頑張る奉仕精神の持ち主です。ホロスコープのうお座に個人天体がある場合、目に見えないものへの関心や、共感性が高く人を癒やす個性を表します。

うお座

総合キーワード

平和主義	曖昧
ファンタジー	現実逃避
受容力	流される

Chapter 2 タロットとホロスコープを読むための大アルカナ

月のカードがイメージする人物像は、神秘的な人、霊感が強い人、デリケートな人、夢見がちな人、酔った人などです。うつろいゆく月の光に照らされた沼の中から、ザリガニが這い上がっています。それは正体不明の漠然とした不安を表し、潜在意識から受け取った虫の知らせや第六感と言われるものです。不安を隠しきれないときは、恐れずゆっくり不安の正体と向き合うことが大切です。逆位置なら、不安は解消されてくるでしょう。月は刻一刻と変化し姿を変えていくように、うお座も境界線を持たず、どんな形にでも変化します。潜在意識から見えない何かを感じとる、動物的な本能、霊感めいたものが共通します。

71

太陽
The Sun

楽しさと喜び

守られた空の下で
創造力を発揮し、
思い切り遊んでみよう。

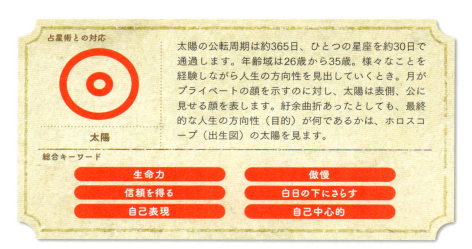

占星術との対応

太陽

太陽の公転周期は約365日、ひとつの星座を約30日で通過します。年齢域は26歳から35歳。様々なことを経験しながら人生の方向性を見出していくとき。月がプライベートの顔を示すのに対し、太陽は表側、公に見せる顔を表します。紆余曲折あったとしても、最終的な人生の方向性（目的）が何であるかは、ホロスコープ（出生図）の太陽を見ます。

総合キーワード

生命力	傲慢
信頼を得る	白日の下にさらす
自己表現	自己中心的

太陽のカードがイメージする人物像は、子供、注目を浴びている人、明るい人、有名人などです。太陽が燦々と降り注ぐ中、裸の子供が白馬にまたがって遊んでいます。子供は純粋な魂の持ち主であり、キラキラ輝いています。この子供のように、意識と無意識のバランスが調和したとき、本来の自分が輝き出します。

何かを発表したり、外に向けてアピールするにはいい時です。創造性豊かな感性やピュアな遊び心が売りになるでしょう。結婚や妊娠を意味することもあります。天体の太陽は、こうありたいと思う自分像です。自ら光を放つ天体ですので、自分の意志で輝かせることが共通のテーマになります。

審判
Judgement

祝福の復活

すべての経験を統合し、
ステージアップを
はかってみよう。

Chapter 2 タロットとホロスコープを読むための大アルカナ

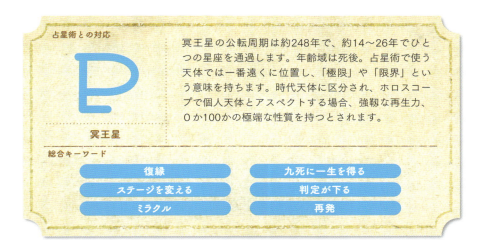

占星術との対応

冥王星

冥王星の公転周期は約248年で、約14〜26年でひとつの星座を通過します。年齢域は死後。占星術で使う天体では一番遠くに位置し、「極限」や「限界」という意味を持ちます。時代天体に区分され、ホロスコープで個人天体とアスペクトする場合、強靭な再生力、0か100かの極端な性質を持つとされます。

総合キーワード

- 復縁
- ステージを変える
- ミラクル
- 九死に一生を得る
- 判定が下る
- 再発

審判がイメージする人物像は、インパクトがある人、今まで出会ったことがない人、唯一無二の人、前世で縁があった人などです。天使が吹くファンファーレに呼び覚まされ、海に浮かぶ棺桶から、むくむくと死者が甦っています。何らかの理由で諦めざるを得なかったことや、主流にできなかったことなど、リベンジする時が来たようです。しかし、これまでのノウハウだけでは次のステージで通用しません。レベルをひとつ上げた復活でなければならず、目覚めたものだけが生まれ変わりを許されます。独立、起業、転職、結婚など、成長につながる決段になるでしょう。冥王星とは「死と再生」のテーマが共通します。

世界
The World

望みうる最高の結末

すべてを調和させ、
思いを遂げよう。

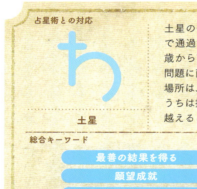

占星術との対応

土星

土星の公転周期は約29.5年、ひとつの星座を約2.4年で通過します。年齢域は人生の老年期を象徴する56歳から70歳。試練の星でもあり、現実に起きている問題に直面させられます。ホロスコープで土星のある場所は、苦手意識や課題がある所と言われます。若いうちは扱いが難しいですが、年齢と共に克服し、乗り越えることで大きな成長につながります。

総合キーワード

最善の結果を得る	サイクルのおわり
願望成就	限界
大団円を迎える	ハッピーエンド

「世界」がイメージする人物像は、非の打ち所がない人、世界を股にかけている人、既婚者、最良のパートナーなどです。月桂樹のリースは勝利のアイテムであり、これまでの集大成を迎えます。「運命の輪」で登場した四隅の聖獣たちは勉強していましたが、ここでは立派に勉強を終えました。リースの輪の中にいる人物は統合のシンボルであり、カルマから解放された本来の自分の姿です。昔の占星術では土星が一番外側に位置する天体でした。「これ以上はない」という意味から、「これ以上の道はない」という「世界」に土星が割り振られました。ここから先へ進むときは、「愚者」へ戻って新たな旅を続けます。

愚者
The Fool

「0」からのはじまり

自分の人生を
自らの足で
歩んで行こう。

占星術との対応

天王星

冥王星の公転周期は約84年、ひとつの星座を約7年で通過します。年齢域は71歳から84歳。老年期後期のころ。既成の枠を壊そうとします。時代天体に区分され、革命、未来へのチャレンジ、産業テクノロジーの発展も表します。ホロスコープで個人天体とアスペクトする場合、独創性やオリジナリティー、新しい価値感の方向性を読むことができるでしょう。

総合キーワード

個性的	ひとりよがり
型破り	きまぐれ
突発的な変化	無謀な冒険

「愚者」がイメージする人物像は、自由人、若者、フリーター、旅人、芸人、起業家、変わっている人などです。完全なる世界から、新たな旅を始めるため、魂をゼロにして舞い降りてきました。何もかも解放された嬉しさで少し浮かれているかもしれませんが、足取りは軽く何も持っていない身軽さは無限の可能性を秘めています。この先に何が待ち受けているだろうと期待を胸に、誰かに言われたから動くのではなく、本能で嗅ぎ取った直感を信じて前に進みます。ものごとが成長、進化していくために打破すべきことがあり、未来へのチャレンジを続ける天王星とリンクします。（引っ越しや移動という意味も）

大アルカナ 「運命の輪」が出たとき

　人生上でなんらかの変化が訪れ、運勢が変わっていくとき、「運命の輪」のカードを引き当てることがなんと多いことでしょう。一見不幸な出来事に思えることでも、それはその後に控える運勢の拡大・発展のための序奏だったことが分かります。「運命の輪」を引き当てたなら、これから何に注目すべきか、「運命の輪」は伝えてくれます。対応する天体は「木星」です。出生図のどのハウスに木星が来ているのか、アスペクトするハウスはどこか、ハウスの意味を参考にして運をつかみに行きましょう。

1ハウス	運勢が切り替わるタイミング。頼りになる助っ人、支援者現る。リーダーに抜擢。人生の計画を練る。新しいことを始めると成功しやすい。
2ハウス	収入、お金に関して幸運がある。生まれ持った才能が開花する。五感が鋭くなる。特技を活かして収入を得る。物質運に恵まれ、精神的安定を得られる。浪費の傾向も。
3ハウス	知識欲が出てくる。趣味、習い事で忙しくなる。兄弟姉妹、身近な人たちと交流する。移動運、近場への旅行。コミュニケーションスキルを磨く。情報発信が幸運を呼ぶ。
4ハウス	家庭生活に関して幸運がある。家族が増える。家族や仲間内で喜び事がある。地元での活動。住居、不動産、引っ越し運。老後に備えた資産運用を考える。
5ハウス	趣味に費やす時間が増える。レジャーや娯楽の充実。出会いのチャンスが訪れる。恋愛を楽しむ。創作活動、クリエイティブな才能開花。自己表現に幸運が。
6ハウス	会社の環境や待遇に恵まれる。就職、転職活動にも幸運が。スキルアップする。健康管理や自己管理に目覚める。頼まれた仕事は喜んで引き受けると吉。
7ハウス	結婚のチャンスに恵まれる。人からの紹介に幸運が。人脈が広がる。ビジネスパートナーとの出会い。フェアな気持ちを心がけると吉。有利な契約。
8ハウス	何かを譲り受ける。財運UP、資産運用に目覚める。人との関係が濃密になる。秘密事。結婚、妊娠の可能性も。スピリチュアルに関心が向く。
9ハウス	専門知識を身につける。難易度の高い資格取得。海外、留学、遠方への移動。異文化交流。国際結婚。受賞運。思想を広める活動。マスコミ・出版業界にご縁。
10ハウス	大きな仕事を任される。昇給、昇格。ブレイクする。社会活動することに幸運が。仕事が評価される。社会的ステータスが得られる。伝統文化を大事にすると吉。
11ハウス	同じ趣味や同じ目的を持った仲間との交流。コミュニティ、サークル、セミナーの開催、市民活動、意識改革、チームで夢の実現に取り組む。ネットワークの広がり。
12ハウス	精神的活動に幸運がある。ボランティア活動にいそしむ。隠遁生活、缶詰になる、日常から切り離された世界へ。内面の探索。創作物などはネットで広がる。

※補足：ハウス問わず女性のホロスコープで「太陽」に木星がやってきたとき、結婚のチャンスとなる場合もあります。

Chapter 3

> タロットと
> ホロスコープ
> を読むための

小アルカナ

12星座に対応する各スートの
グループの特徴を確認しながら、
占星術とのリンクを
感じてみましょう。

小アルカナ 「黄金の夜明け団」による星座との対応

　大アルカナに対応する星座や天体があるように、小アルカナにも「黄金の夜明け団」による星座に対応したシステムがあります。小アルカナを理解する際、星座の意味も加味して考えると解釈の幅が広がります。どのように割り振られているか見てみましょう。

エースとペイジ

　春、夏、秋、冬の4つの季節に当てはめられています。ワンドは夏、カップは秋、ソードは冬、ペンタクルは春です。

2〜10の数札

　30度ずつ区切られているひとつの星座を、更に10度ずつ3等分に区切ったものを**デーカン（デーク）**と言います。ひとつの星座の中にも3種類の性質があることを示しています。その10度ずつのデーカンに各スートの2から10までが当てはめられています。

　ワンドは「火」、カップは「水」、ソードは「風」、ペンタクルは「地」を表しています。（それぞれの性質はP20〜21の四区分をご覧ください。）たとえば、「火」の星座なら、おひつじ座、しし座、いて座になります。この3つの星座に「火」のワンド2〜10を対応させています。おひつじ座の**第1デーカン**に対応するカードは、ワンド2です。**第2デーカン**がワンド3、**第3デーカン**はワンド4になり、ワンド2、3、4のカードは活動宮のおひつじ座の性質をもったカードということが分かります。

ナイト、クィーン、キング

　3つのコートカードの割り当ては、2つの星座にまたがっています。例えばワンド・ナイトの場合、図を見ると、しし座にあります。しし座の第1デーカンを中心に、その前の星座のかに座の第3デーカンを含む30度が割り当てられています。以下、すべて同じ法則になっています。

小アルカナ　デーカンとの対応表

　デーカンに対応する日付（次のページから記してある）は、およそのものです。流派によって日にちが1〜2日違うものもあります。タロットリーディングの時期読みの際、これだけを見て時期とするのは少々強引かもしれません。カードの前後の関係や質問の内容によって総合的な判断が必要となることを念頭に、活用ください。
　小アルカナは、日常生活の中で起こる出来事を象徴します。ひとつの星座を2.5日あまりで通過する「月」と重ねてみると、その日、世の中で起きた出来事とカードがシンクロすることがあります。例えば、誰もが称賛するような歴史的出来事があった日の月は、しし座の第2デーカンを運行していましたので、「ワンド6（名誉、称賛）」でした。このように毎日の出来事とカードとのリンクを、日記をつけて研究すると深まるでしょう。

Chapter 3　タロットとホロスコープを読むための小アルカナ

ワンド・エース
Ace of Wands

「火」のはじまり

対応デーカン

「火」は生命力であり、やる気の根源です。情熱を燃やせることを見つけて、自立の一歩を踏み出します。自分らしい発想力で未開の分野を開拓していくでしょう。直感力に冴え独創的です。
対応星座は、かに座（夏至）〜しし座〜おとめ座の夏の３ヶ月間。

火のグループ
ワンド（2・3・4）

活動宮 の星座（おひつじ座）

タロットカードの順番は、ものごとの成長の段階を表しています。若い数字は段階的にはまだ始まったばかりという意味合いがあり、活動宮のおひつじ座に対応するワンドは、勢いよく先頭を切って、やる気満々の闘志に燃えています。たとえ困難にぶちあたったとしてもめげることなく、「いかに動き」「いかにチャレンジしていくか」行動することで勝ち取っていくグループになります。

ワンド 2
Two of Wands

緊張と情熱

対応デーカン

欲しいものを手中に収め、一度は達成の経験をしているワンド2は、成功体験を糧に、次の目標に向けて野望を膨らませています。上手くいくかどうかは自分の能力次第。緊張や不安を乗り越えた先に、未来があることを信じて進みます。
対応星座は、おひつじ座の第1デーカン（3月21日〜3月30日）。

ワンド 3
Three of Wands

さらなる発展へ

対応デーカン

実行中の計画を広げていくには、外に向けていろいろな人たちとの交流が大事だと思っています。ワンドが一本増えて安定感がでてきています。人の話を聞き、何かを伝えていくことが成功のカギになるでしょう。
対応星座は、おひつじ座の第2デーカン（3月31日〜4月10日）。

ワンド 4
Four of Wands

平和なひととき

対応デーカン

忙しく動き回っていたことに区切りがついて、平和なひとときが訪れます。頑張ってきたことへの感謝とねぎらいのお祭りです。男女の出会いの時でもあり、エネルギーをチャージして明日からのやる気を保持します。
対応星座は、おひつじ座の第3デーカン（4月11日〜4月19日）。

火のグループ
ワンド（5・6・7）

固定宮 の星座（しし座）

二区分	男性星座
三区分	固定宮
四区分	火

固定宮のしし座に対応するワンドは、勢いやガッツで押し切ることができた次の段階に進もうとします。これでいいのか？　という疑問や、もっと突き詰めたい、というこだわりが出てきます。型にはまったものから飛びだそうとする力が強まり一見すると、固定宮ではないように思えますが、ワンドの固定宮は、モチベーションを維持するエネルギッシュなグループになります。

ワンド 5
Five of Wands

本音をぶつけ合う

対応デーカン

ワンドの2や3ではひとつの目的に向かってパワーを集めていましたが、ワンド5ではそれぞれが強い自己主張をして混乱を招いています。しかしそれは、型にはまったものを打ち砕くには、なくてはならないエネルギーでもあります。
対応星座は、しし座の第1デーカン（7月23日〜8月1日）。

ワンド 6
Six of Wands

勝利を導く

対応デーカン

混乱の戦いで得たものは成功と勝利です。競い合うことで新しい成果が生まれ、その努力を称え合います。勝利へ導いたカギはみんなの情熱を調和させたこと。しかし油断しているとその地位を奪われることもあるようです。
対応星座は、しし座の第2デーカン（8月2日〜8月11日）。

ワンド 7
Seven of Wands

勝つか負けるか

対応デーカン

勝利を維持していく難しさに直面しています。それを狙う猛者たちが次々に参戦してきて対応に追われています。今はまだ誰よりも高い位置にいて有利ですが、やりたいことの純粋さよりも、立場を守るための、勝つか負けるかが目的になっているようです。
対応星座は、しし座の第3デーカン（8月12日〜8月22日）。

Chapter 3 タロットとホロスコープを読むための 小アルカナ

火のグループ
ワンド（8・9・10）

柔軟宮 の星座（いて座）

二区分	男性星座
三区分	柔軟宮
四区分	火

柔軟宮のいて座に対応するワンドは、チャンスは向こうから飛んで来て上手に受け止めます。これまで勝ち取ってきたものを、必死に守り抜いたり、いつの間にか問題を請け負い過ぎてしまうのも情熱のあまりからですが、変幻自在の底力で、その場その場の困難を臨機応変に対応できるグループになります。

ワンド 8
Eight of Wands

流れに乗る

対応デーカン

8本のワンドが勢いよく飛んでくる様は、思いがけずチャンスが舞い込んでくる前触れを予感させます。急激な展開でも流れに乗れるよう、いつでも心の準備をしていることが大切です。
対応星座は、いて座の第1デーカン（11月23日〜12月2日）。

ワンド 9
Nine of Wands

プライドの砦

対応デーカン

これまでに収めてきた実績や経験、勝利、そしてプライドや理想を守るために、思慮深く準備を整えます。過去の経験をもとに、持てる情熱は守りに注ぎ、努力を惜しみません。
対応星座は、いて座の第2デーカン（12月3日〜12月12日）。

ワンド 10
Ten of Wands

重圧の先にあるもの

対応デーカン

10番目のワンドは、過剰なまでに背負い過ぎてしまったプレッシャーです。それを不屈の精神で乗り切ろうと、未踏の地へ挑戦しています。その先にあるものを目指し、奮闘します。
対応星座は、いて座の第3デーカン（12月13日〜12月21日）。

ワンドのコートカード

ワンド・ペイジ
Page of Wands

何かしたくて行動する

何かやりたいけど、具体的に何をしたらいいのかまだ分かりません。方向性が定まっていませんが、**やる気だけは人一倍**、とりあえず体を動かして、できることから始めます。火の性質は**積極的にあちこち動き回り**ますが、ペイジは受け身であり、人にあれやってみる？ これやってみる？ と言われ、従ううちに自分に適したものが分かってくるでしょう。すべてにおいて始まったばかりの段階ですが、**良い知らせを受け取る**暗示もあり、**明るい未来**を目指して頑張ります。ワンド・ペイジの人物像は、活発な人、やんちゃ、話が面白い、人気者、場を盛り上げる人、配達員、スポーツ選手など。
対応デーカンは、かに座〜しし座〜おとめ座の3ヶ月間。

ワンド・ナイト
Knight of Wands

勇猛果敢に突き進む

理想を掲げ、まだ誰も踏み入れたことのない**未開の地への開拓**を試みます。冴える**直感力とストレートなもの言い**で周囲を巻き込み、ものごとを突き動かしていきます。火を吹くような気性の激しさから**無骨**ではありますが、**明快で表裏のない性格**が魅力です。ただ、頑張りすぎて魂だけが先へ行き、肉体を忘れてしまうこともあるので**健康への注意**は必要かもしれません。ワンド・ナイトの人物像は、働き盛りの人、野心家、ビジネスマン、アスリート、場をどっと盛り上げる人、目立つ人、自己主張する人など。
対応デーカンは、かに座第3デーカン〜しし座第2デーカンまで。

ワンド・クィーン
Queen of Wands

明るくオープン、華やかにアピールする

対応デーカン

太陽の光に照らされ、ただそこにいるだけで**存在感**を放ち、**気高い自我**とエネルギーに満ちあふれています。高潔の中に気さくさもあり、**誰とでもオープン**に打ち解けるフレンドリーな面もあり、**人気者**です。冴えた**直感力**はときにサイキックな力を発揮し、強烈な**アピール**で人を引きつけ、**華やかな魅力**と**リーダーシップ**でものごとを動かしていきます。ワンド・クィーンの人物像は、母、女上司、女社長、女性オーナー、女性アスリート、面倒見のよい人、面白くて目立つ人、積極的に表現する人など。
対応デーカンは、うお座第3デーカン〜おひつじ座第2デーカンまで。

ワンド・キング
King of Wands

豪胆不敵のリーダーシップ

対応デーカン

気高いプライドと情熱を持った**寛大**で**ポジティブ思考**の持ち主です。王の地位にありながらも尚、前人未踏の境地へ探求の旅を続けます。**オープンマインド**の精神と**鋭い直感力**で幾多の試練を乗り越え、どんなことにも恐れず立ち向かいます。その姿に人はひれ伏し、**カリスマ**の名を欲しいままに。大胆で動じない**リーダー**として君臨し、今日も働きます。ワンド・キングの人物像は、父、創始者、上司、社長、権力者、熱血漢、太っ腹の人、アスリート、ワンマン、強引な人、自己主張が強い人など。
対応デーカンは、さそり座第3デーカン〜いて座第2デーカンまで。

対応デーカン

カップ・エース
Ace of Cups

「水」のはじまり

「水」は感情や愛情、共感力を扱います。カップ・エースは、好きな人ができた、夢中になれるものを見つけた！ という喜びの一歩を踏み出します。まだ具体的に誰かと付き合うわけでないですが、溢れる想いでいっぱいです。
対応星座は、てんびん座〜さそり座〜いて座までの3ヶ月間。

水のグループ
カップ（2・3・4）

活動宮 の星座（かに座）

二区分	女性星座
三区分	活動宮
四区分	水

活動宮のかに座に対応するカップは、自分の心の中だけでトキメいていた盛り上がりのカップ・エースから、愛する人とお互いを想い合う高揚感を味わいます。身近な人たちとのふれあいで満たされた心は明日への活力とし、4番目では感情が満たされ過ぎたことで起こる倦怠感を経験する、感情の抑揚を描いたグループです。

カップ 2
Two of Cups

分かち合う喜び

男性性（ワンド、ソード）のスートでは2つのものは対立し、緊張が走りますが、女性性（カップ・ペンタクル）のスートの場合、2つのものを上手く融合させます。お互いが吸い寄せられるように見つめ合い、出会いの喜びがいっぱいの瞬間です。
対応星座は、かに座の第1デーカン（6月22日～7月1日）。

カップ 3
Three of Cups

喜びの宴

三者三様の個性の違う人たちがわいわい集まって収穫祭を祝っています。分け隔てなく付き合える仲間との交友関係が広がり、飲食を共にすることで心が満たされています。飲み会、打ち上げ、イベント、楽しいことすべてを表すカードです。
対応星座は、かに座の第2デーカン（7月2日～7月11日）。

カップ 4
Four of Cups

一旦心を落ちつかせる

宴でお腹いっぱい、飲み過ぎ、飽き、マンネリ、甘え、なにかしらシャキッとしない二日酔いのような状態です。インスピレーション（差し出されたカップ）も受け取れません。逆位置では、水がこぼれて動きだし、回復に向かうでしょう。
対応星座は、かに座の第3デーカン（7月12日～7月22日）。

水のグループ
カップ（5・6・7）

固定宮 の星座（さそり座）

二区分	女性星座
三区分	固定宮
四区分	水

固定宮のさそり座に対応するカップは、トキメキやふれあいで、心を育み、共感力を高め合った大切な人たちとの思い出や、大事なものを失う経験をします。喪失感と郷愁の念、実態のないものへの憧れ、心の中がもやもや渦巻きます。カップの固定宮は、満たされた感情をいつまでも維持したい、情に執着するグループです。

カップ 5
Five of Cups

失う悲しみ

対応デーカン

カップの赤ワインは親族や親兄弟の血縁関係を表します。5杯のカップのうち3杯をこぼしてしまい、大切なものを失う辛さや喪失感にかられています。逆位置では、残った2つのカップに目を向けて他の方向性を見だそうとします。
対応星座は、さそり座の第1デーカン（10月24日〜11月1日）。

カップ 6
Six of Cups

輝いていた日々にかえる

対応デーカン

カップ5で失ったものへ想いを馳せ、過去の良い思い出を見つめています。ピュアな心の交流、素朴さ、正直な気持ち、一番純粋な感情で人と人が結びついていたことを思い出し、元気を取り戻します。
対応星座は、さそり座の第2デーカン（11月2日〜11月12日）。

カップ 7
Seven of Cups

雲の上の欲望

対応デーカン

妄想がふくらみ、華やかな世界への憧れが強くなります。あれもしたい、これもしたい！　と妄想するばかりで実態はありません。逆位置では平常心を取り戻し、何がしたいのか目的が見えてくるでしょう。
対応星座は、さそり座の第3デーカン（11月13日〜11月22日）。

水のグループ
カップ（8・9・10）

柔軟宮 の星座（うお座）

二区分	女性星座
三区分	柔軟宮
四区分	水

柔軟宮のうお座に対応するカップは、インスピレーションに従い行動します。従ったことで望みを叶えることができました。富や名誉はあっても本当の愛ある生活とはなんだろう？　肩肘を張らず、自分の身の丈にあった幸せに気付くこと。感情がMAXに満たされるグループです。

カップ 8
Eight of Cups

自分を取り戻す

対応デーカン

夢や実績を積み上げたカップですが、ここへきて本当にしたいことはなんだったっけ？　と気付かされます。愛着があるカップを手放すのは苦渋の決断ですが、月夜に導かれるように別天地へ旅立ちます。逆位置だと未練があり固執します。
対応星座は、うお座の第1デーカン（2月19日〜2月29日）。

カップ 9
Nine of Cups

物心両面の豊かさ

対応デーカン

本当にしたいこと、自分の感情に正直に生きた結果、夢を実現します。大きな満足感と、物質的な豊かさも享受します。背景には受賞した数々のトロフィーが並び、名誉を手にする喜びにも溢れています。
対応星座は、うお座の第2デーカン（3月1日〜3月10日）。

カップ 10
Ten of Cups

幸せの先にあるもの

対応デーカン

10番目のカップは、満ち足りた幸せです。完成された感情とは心の安らぎであり、心が通じ合うファミリーがいることです。そして未来の子どもたちに幸せと平和を引き継ぎ、心豊かな世界を創ることが次のステップになるでしょう。
対応星座は、うお座の第3デーカン（3月11日〜3月20日）。

カップのコートカード

カップ・ペイジ
Page of Cups

ピュアな感性で心を溶かす

対応デーカン

カップの中から魚が顔を出し、なにやらおしゃべりをしています。誰かを好きになって**心をときめかせたい**気持ち、いいえ、もう好きになってしまいそうな人がいることを魚に打ち明けているようです。水は潜在意識、魚は**夢やアイデア**を表します。**豊かな想像力**と、どんなものとでも**共感し合える****ピュアな感性**で、伝えたい想いを作品にしたためたり、**胸がキュンとする**ような**スイートな可愛らしさ**を表現します。カップ・ペイジの人物像は、こども、多感な人、純粋で優しい人、可愛い人、アイドル、甘え上手な人、アーティスト、小悪魔的な人、空想癖がある人、守ってあげたくなる人、ホスト、ペット、かわいいものすべてです。
対応デーカンは、てんびん座〜さそり座〜いて座の3ヶ月間。

カップ・ナイト
Knight of Cups

ロマンティックに想いを伝える

対応デーカン

金色の毛並みを持つ白馬をゆっくり歩ませながら、愛する人を迎えに向かうナイトは、**洗練**されたシーンを演出できる**エレガント**さと**大人の魅力**を持っています。**優しく、穏やか**なナイトが手にするカップは**人の気持ちをくむ**優しさを表し、相手を受け入れ、分かち合いたい気持ちであふれています。**幸せ**はすぐそこまで来ています。「白馬の王子さま」の異名をもつカードで、何らかの**縁が生まれる**暗示があります。カップ・ナイトの人物像は、恋人の出現、恋愛上手な人、紳士的な人、サービス業の人、接客業の人、アーティスト、支援者、介護・福祉関係の人など。
対応デーカンは、てんびん座第3デーカン〜さそり座第2デーカンまで。

カップ・クィーン
Queen of Cups

思慮深さと包容力で
愛を受け入れる

周囲を海に囲まれた孤島に玉座を構え、蓋付きの大きなカップを持ち、座しています。カップの豪華な装飾はクィーンの**優雅**さと**芸術的感性**を、カップの中身は表に見えないものを**見通す力**と**守るべきもの**を表しています。潜在意識が眠る海からインスピレーションを得て、みんなの気持ちを**気遣い**、**人を育て**たり、**献身的に尽くす**ことがクィーンの**幸せ**と**喜び**であるでしょう。カップ・クィーンの人物像は、母、愛情豊かな人、母性的な人、理想の女性像、アーティスト、ヒーラー、恋多き人、接客業の人、サービス業の人、介護・福祉関係の人、看護師など。

対応デーカンは、ふたご座第3デーカン〜かに座第2デーカンまで。

カップ・キング
King of Cups

最大の理解者として寄り添い導く

大きな荒波の中に玉座を構え微動だにせず座しています。波は感情であり、その感情を扱うキングの存在感を表しています。**優しさ**の中に**厳しさ**を持ち、善も悪も飲み込んで**人の世話**や**育成**に励みます。創造力の宝が無限に眠る潜在無意識を表す海から、**人との縁**や過去世や来世をつなぐ**神秘的な力**を発揮します。**義理人情**に厚く**寛大な心**で、みんなを良い方向へ導いています。カップ・キングの人物像は、父、優しい人、面倒見の良い人、アーティスト、ヒーラー、心理学者、恋多き人、情が深い人、厚生員、指導員、水商売の人、接客業の人、宗教家など。

対応デーカンは、みずがめ座第3デーカン〜うお座第2デーカンまで。

95

ソード・エース
Ace of Swords

「風」のはじまり

対応デーカン

「風」は思考力であり、知性や理性を扱います。明確な意志を持って、自立の一歩を踏み出します。ひと味違う戦略や、研ぎ澄まされたアイデアで革新的なプロジェクトを突き進むでしょう。
対応星座は、やぎ座〜みずがめ座〜うお座までの3ヶ月間。

風のグループ
ソード（2・3・4）

活動宮 の星座（てんびん座）

二区分	男性星座
三区分	活動宮
四区分	風

活動宮のてんびん座に対応するソードは、さらりと身につけた処世術で人付き合いも上手な人気者。ですが、感情を挟まないことがフェアだと思っているが故に、自分の中で起こっている心の揺れにはフタをしてしまいがち。そんな歪みを調整することが、このグループの小アルカナは表しています。

ソード2
Two of Swords

理性と感情

対応デーカン

対立する意見にどう向き合えばいいのか、しばらく思案を巡らせています。情報をシャットアウトするために目隠しをして平静を保っています。ものごとは膠着状態で進展はないですが、静かに考えるにはいいときです。
対応星座は、てんびん座の第1デーカン（9月23日〜10月2日）。

ソード3
Three of Swords

風の創造性

対応デーカン

目を背けていたことに直面しています。ものごとの本質をつく言動は、ときに人の心を傷つけます。しかし辛い経験をしてこそ生まれてくる創造性は、これまでにない発想を生み出し、成長につなげていくことができるでしょう。
対応星座は、てんびん座の第2デーカン（10月3日〜10月12日）。

ソード4
Four of Swords

英気を養う

対応デーカン

傷ついた心を癒やすために、一旦その場から離れています。辛さを引きずったままでは、いい発想は浮かばないでしょう。ホッとできる空間でエネルギーのチャージをし、再び外界に出る準備を整えています。「お休みカード」とも呼ばれています。
対応星座は、てんびん座の第3デーカン（10月13日〜10月23日）。

風のグループ
ソード（5・6・7）

固定宮 の星座（みずがめ座）

計算ずく / 逃げるが勝ち!! / いいとこ取り

二区分	男性星座
三区分	固定宮
四区分	風

みずがめ座の固定宮に対応するソードは、人間関係に揉まれた末、すっかり海千山千の人となり、世を渡っていきます。ソードの固定宮は、自分の考えを持つことであり、激しく自己主張します。それが面白がられたり、ときに波紋を呼んだり、良くも悪くも周囲が受ける衝撃は大きいはず。合理的にことを運ばせるグループです。

ソード5
Five of Swords

突き刺されるハート

対応デーカン

自分の立場や居場所を脅やかされそうになったり、自分にとって役に立たないものであるのなら、悪びれることなく整理をします。やられる前にやらないと、自分にふりかかるのでは、という恐怖があるようです。
対応星座は、みずがめ座の第1デーカン（1月20日〜1月29日）。

ソード6
Six of Swords

逃げの美学

対応デーカン

殺伐とした世界にあって、この場を一時退散し、新天地に向かう道を選んでいます。「逃げ」は負けではありません。スパッと切って先に行く方が得策です。移動、引っ越し、旅という意味も。
対応星座は、みずがめ座の第2デーカン（1月30日〜2月8日）。

ソード7
Seven of Swords

権謀術数をめぐらす

対応デーカン

自分の立場を保ちながら、どうやって相手と接していこうか、常に相手の出方を探りながら、自分の思惑通りに誘導し、巧みに仕掛けています。移動、引っ越し、旅という意味も。
対応星座は、みずがめ座の第3デーカン（2月9日〜2月18日）。

風のグループ
ソード（8・9・10）

柔軟宮 の星座（ふたご座）

二区分	男性星座
三区分	柔軟宮
四区分	風

ふたご座の柔軟宮に対応するソードは、周囲の評価や評判が気になり、人間関係において思考がどんどん行き詰まっていきます。男性星座の柔軟宮は受け身であるが故に本来の武器に振り回され、裏目に出てしまう傾向があります。悩んだ先にあるものが何なのか、救いを求めるグループです。

ソード 8
Eight of Swords

自ら制限をかける

対応デーカン

人間関係を思い悩み、思うように前へ進めません。真実が何なのか、手足を縛られどうしたらいいのか分からなくなっています。目隠しをして現実に向き合おうとしていません。偏った情報による思い込みから抜け出せなくなっています。
対応星座は、ふたご座の第1デーカン（5月21日～5月31日）。

ソード 9
Nine of Swords

実態のない不安

対応デーカン

過去の対人関係で起きた後悔や葛藤、嘆き……考え出したら夜も眠れなくなっています。将来への不安や、失敗への恐れ、様々な恐怖感に苛まれますが、マイナス思考や被害妄想ということも。
対応星座は、ふたご座の第2デーカン（6月1日～6月10日）。

ソード 10
Ten of Swords

苦悩の先にあるもの

対応デーカン

10番目のソードは、過剰なまでに考え過ぎてしまった精神の崩壊です。多くの情報に操作されてしまった末の苦しみです。苦悩の末にあるものは、夜明けが近いことに救いを求めています。
対応星座は、ふたご座の第3デーカン（6月11日～6月21日）。

ソードのコートカード

対応デーカン

ソード・ペイジ
Page of Swords

情報キャッチのアンテナを張る

何が起こるか分からない**エキサイティング**な**情報**をキャッチするため、吹きすさぶ草原の中にたたずみ様子をうかがっています。**好奇心**が強く、**新しい情報**は誰よりも**素早くキャッチ**するので、**話題に事欠かない情報通の人**として重宝がられることもあるでしょう。しかし風の吹くまま、**気まま**なペイジにはまだ方向性がありません。風向きが変われば、興味や関心も変わり持続性は期待できませんが、**変化に機敏**に反応し、情報が拾えそうな所で待ち伏せる**読みの鋭さ**は天性の能力といえるでしょう。ソード・ペイジの人物像は、クールな人、話し好き、ネットアクティブな人、アイデアマン、計算高い人、生意気な人など。
対応デーカンは、やぎ座〜みずがめ座〜うお座の3ヶ月間。

風 × 地

対応デーカン

ソード・ナイト
Knight of Swords

突風の中、剣を振りかざし進む

目標を定めたら更に広い世界の**情報を集める**ため、**スピーディー**に走り回ります。風向きが変われば、急旋回してスパッと**割り切る潔さ**があり、臨機応変に対応します。何が起こるか分からない突風の中を走り抜けるということは、何が起きても知性で**冷静に対処**する能力が備わっていることを表しています。既存の枠にとらわれることなく**斬新なアイデア**で常に**新しいものを追い求め**走り続けます。ソード・ナイトの人物像は、クール、知識人、記者、作家、ライター、編集者、報道関係者、ネットアクティブな人、話題豊富な人、発信力がある人など。
対応デーカンは、やぎ座第3デーカン〜みずがめ座第2デーカンまで。

風 × 風

ソード・クィーン
Queen of Swords

ものごとを公平に受け入れ判断する

対応デーカン

右手に持ったソードを真っ直ぐ掲げているのは、**意志を貫く強い気持ち**を。左手はものごとを**公平に受け入れる**クィーンの受容性を表します。人間関係において、いい距離感でバランスを保ち**社交的**。**調停者**と言われる所以は、パートナーシップの信頼のもと、お互いの落とし所を判断する知性を持ち合わせているからです。**頭脳明晰**、**情報通**、**なにごともスパッと**こなします。**一人でいる時間を大切に**し、**独立心は旺盛**、**仕事優先**のカードとも言われています。ソード・クィーンの人物像は、クール、キャリアウーマン、独身女性、未亡人、自活力ある人、相談役、勉強仲間、インテリなど。対応デーカンは、おとめ座第3デーカン〜てんびん座第2デーカンまで。

ソード・キング
King of Swords

公明正大な判断を下す

対応デーカン

雲の上の玉座に座り、何ひとつくもりのない**真実を見通す**眼差し。こちらを見つめるソード・キングの前で嘘はつけません。高い位置から**客観的な視点**でものごとを捉え、感情や偏見に左右されることなく、**よりよい判断**を下していきます。赤い頭巾とグローブはクールな中にも情熱を持っている証であり、世の中のあらゆる**困難は知性によって解決**できると、**揺るぎない信念**を持って戦略的に進んで行きます。ソード・キングの人物像は、合理的な人、落ち着きがあって知的な人、医師、教師、弁護士、相談役、一般に先生と呼ばれる職業の人など。
対応デーカンは、おうし座第3デーカン〜ふたご座第2デーカンまで。

Chapter 3 タロットとホロスコープを読むための 小アルカナ

ペンタクル・エース
Ace of Pentacles

「地」のはじまり

対応デーカン

「地」はこの世のすべての物質、豊かな生活、人の尊厳などを扱います。「地」のエースは願いが叶う「WISHカード」と呼ばれ、何かを「地」に下ろした一歩を幸運の兆しとして祝福しています。対応星座は、おひつじ座〜おうし座〜ふたご座の3ヶ月間。

地のグループ
ペンタクル（2・3・4）

活動宮 の星座（やぎ座）

あらよっと

匠の技

独り占め

二区分	女性星座
三区分	活動宮
四区分	地

やぎ座の活動宮に対応するペンタクルは、生活の基盤をつくるために仕事を獲得していきます。2番目の、ものとの交易、物々交換から始まり、生活の糧を得ていく中で社会での立ち位置や、どのように社会に貢献していくべきか、ものの価値を高めていくグループになります。

104

ペンタクル 2
Two of Pentacles

変化を楽しむ

対応デーカン

2つのペンタクルをジャグリングしている人が描かれ、微妙なコントロールをしながら巧みにバランスをとっています。ギリギリでのお金のやりくりも上手です。状況や変化にパッと対応できる軽さで2つのことを器用にこなしていきます。
対応星座は、やぎ座の第1デーカン（12月22日～12月30日）。

ペンタクル 3
Three of Pentacles

確かな技術

対応デーカン

一個人のやる気が評価され、その能力を社会の中で活かすことができるでしょう。それぞれの専門知識を持った人たちとのチームワークでプロジェクトを推し進めます。活躍の機会を与えられ、自信と希望に溢れています。
対応星座は、やぎ座の第2デーカン（12月31日～1月9日）。

ペンタクル 4
Four of Pentacles

自分のスタイルを守る

対応デーカン

ペンタクルを抱え込み離さない人がいます。財産や安定した生活を守り、維持していくことが役目です。ライフスタイルを変える気はありません。保持することで大切なものは守れますが、お金を回さないことでチャンスを失うこともあるかもしれません。
対応星座は、やぎ座の第3デーカン（1月10日～1月19日）。

地のグループ

ペンタクル（5・6・7）

固定宮 の星座（おうし座）

二区分	女性星座
三区分	固定宮
四区分	地

おうし座の固定宮に対応するペンタクルは、ものの価値が高まるにつれ、格差が生じたことをきっかけに、その歪みをどう改善し、だれもが生きやすい社会にすべきか考えます。本来の力をもっと高めるために粘り強く努力し、ペンタクルを通して人との信頼に価値があることを描くグループです。

ペンタクル 5
Five of Pentacles

救いを求める

対応デーカン

雪降る寒空の下、行く当てもなくさまよう親子が描かれています。「地」の物質性が安定を失えば貧乏になります。教会の前を歩きながらもその存在に気付くことができません。気持ちに余裕がないときです。逆位置では困難から救いの手が差し伸べられます。
対応星座は、おうし座の第1デーカン（4月20日～4月30日）。

ペンタクル 6
Six of Pentacles

需要と供給のバランス

対応デーカン

5で人々が困窮を極めた反動で、富みの再分配が行われます。お金の流れの循環です。与えるものと与えられるものが互いに助け合い、公平であることを計ります。信頼関係があってこそ成り立つことや、みんながウインウインになる仕組みを築いています。
対応星座は、おうし座の第2デーカン（5月1日～5月10日）。

ペンタクル 7
Seven of Pentacles

試行錯誤

対応デーカン

作った農作物に満足がいかず、どうやったらもっと上手くできるのか悩んでいる農夫がいます。作ったものが世の中で信頼されつづけるために、自分の能力をもっと上げようと思っています。これまでのプロセスの見直しが前進するカギとなるでしょう。
対応星座は、おうし座の第3デーカン（5月11日～5月21日）。

Chapter 3 タロットとホロスコープを読むための 小アルカナ

地のグループ
ペンタクル（8・9・10）

 の星座（おとめ座）　　　

二区分	女性星座
三区分	柔軟宮
四区分	地

おとめ座の柔軟宮に対応するペンタクルは、技術を獲得し、腕を磨き、誰もが欲しいと思うものをつくり、社会に応えていきます。その技術と信頼で豊かな生活の基盤をつくり、次の世代に受け継ぎます。女性星座はみんなと協力し合い、足並みを揃えることで成功するグループです。

ペンタクル 8
Eight of Pentacles

誠実に取り組む

対応デーカン

技術習得や技を磨くためにコツコツとペンタクルを作ります。職場が何を求めているか要求に応え、何を作ればみんなが喜んでくれるのか、日々地道な努力で仕上げていきます。なにごとも段階をキチンと踏んで、実績を積み上げます。
対応星座は、おとめ座の第1デーカン（8月23日〜9月1日）。

ペンタクル 9
Nine of Pentacles

恵まれた環境

対応デーカン

グレードが高いものを生産できるようになった結果、信頼を得て、物質的豊かさを手にすることができました。今はもう無理に頑張ったり、自己主張しなくても、受け身でいる方がよいでしょう。人に引き立てられる「玉の輿カード」とも呼ばれています。
対応星座は、おとめ座の第2デーカン（9月2日〜9月11日）。

ペンタクル 10
Ten of Pentacles

次世代へ受け継ぐ

対応デーカン

10番目のペンタクルは努力して積み上げてきたものが形となった一族の繁栄です。企業や組織の安泰、もっと広く見れば、国家や世界を表すこともできます。平和で豊かに暮らせる社会、その基盤を次の世代へつなげていくことが次のステップとなります。
対応星座は、おとめ座の第3デーカン（9月12日〜9月22日）。

ペンタクルのコートカード

ペンタクル・ペイジ
Page of Pentacles

真面目にコツコツ基礎固め

対応デーカン

「地」のスートは目に見える形で**何かを生み出す**ことを目標にします。ペイジはまだものごとが始まったばかり、直ぐというわけにはいきませんが、それなりの**段階を踏む**ことが大切であり、ひとっ飛びにできることではない、という心得があります。なので、他人と自分を比べて焦ることはありません。**時間をかけてじっくり**体で覚えようとするでしょう。人とのお付き合いも時間をかけて仲良くなろうとする**誠実さ**と**純粋さ**があり、**マイペース**で取り組みます。ペンタクル・ペイジの人物像は、見習い、研修生、学生、素人、初心者、真面目な若者、不慣れな人など。
対応デーカンは、おひつじ座〜おうし座〜ふたご座の3ヶ月間。

ペンタクル・ナイト
Knight of Pentacles

地に足を付けて堅実に進む

対応デーカン

これまでに培ってきたことが社会で使えるまでに成長し、ペンタクルの先にある**未来を見据え**ています。夢の実現に向け、アイデアを形にしていく**プロセス**を大事にする、**派手さはない**ですが**職業人**として**責務**を果たすため**努力**を惜しみません。ペンタクル・ナイトの馬は止まっていて、落ち着いてものごとに取り組むことを表しています。長期戦になってもやり抜く**持久力**で、**使命感**と**決意**を持って進みます。ペンタクル・ナイトの人物像は、真面目で誠実な人、経済観念のある人、職人気質、中堅サラリーマン、マイペースな人、温かみのある人など。
対応デーカンは、おひつじ座第3デーカン〜おうし座第2デーカンまで。

ペンタクル・クィーン
Queen of Pentacles

安らぎと安定を与える大地の母

対応デーカン

美しい自然の背景と手入れの行き届いたガーデンに玉座を設け、お腹に抱えたペンタクルを正面に向けています。それはあたかもクィーンの体内に生命が宿っている印でもあるかのように、なにごとにも**慈しみ**を持って、**生み出して育てる**ことが喜びであると考えます。大地のような雄大さは**心のゆとり**と**包容力**、**自活力**と**熟練**の**安定した仕事ぶり**を表し、**手間をかける**ことをいとわず、毎日を丁寧に過ごします。ペンタクル・クィーンの人物像は、母、良妻賢母、妊娠中の人、手に職がある人、自然を愛する人、肝が据わっている人など。
対応デーカンは、いて座第3デーカン～やぎ座第2デーカンまで。

ペンタクル・キング
King of Pentacles

物質的豊かさと持続力の確保

対応デーカン

繁栄と安泰の王、**ビジネスの成功者**は自分が築き上げた街を背景に余裕の構えで玉座に腰を下ろし、今も尚、更なる発展を狙っています。社会や時代が求めているものをいかに生産し、**実績**を残していくべきか、**経営の手腕**を発揮し、**資産**を増やす才能を活かしています。**経済活動**に余念がない傍ら、**格式**を重んじる**品の良さ**も持ち合わせ、華やかで**伝統的**な世界にも造詣が深く、芸術を愛する**情操豊か**な面もあるでしょう。ペンタクル・キングの人物像は、お金持ち、社長、上司、権力者、政治家、由緒ある家柄の人、実力者、経営者、不動産の人など。
対応デーカンは、しし座第3デーカン～おとめ座第2デーカンまで。

Chapter 3 小アルカナ タロットとホロスコープを読むための

111

小アルカナについて

大アルカナは、重要度の高い大きなことがらを象徴しているのに対し、**小アルカナは、そこから一歩踏み込んだ詳細を描いています。**タロットリーディングに小アルカナを入れることによって、**ものごとの違いがハッキリし、より具体的なこと**が分かってきます。

スート	元素	二区分	象徴	意味
ワンド（こん棒）	火	男性性（能動的）	意志 目的 情熱	何もない所から何かを生み出す創造性や、生きる力、バイタリティ、原初的パワー、闘争心、衝動、積極的に行動する活力。
カップ（聖杯）	水	女性性（受容的）	感情 情緒 愛情	心を満たすもの。感情は流動的でどんな形にもなり共感、共鳴する力を持つ。喜怒哀楽、潜在意識、イマジネーションの豊かさ。
ソード（剣）	風	男性性（能動的）	思考、情報 コミュニケーション	言葉での意思疎通や論理的な思考をめぐらす。区別、切り分け、分離を表し、人間関係において知性や言葉が両刃の剣になる。
ペンタクル（金貨）	地	女性性（受容的）	感覚 現実 物質	財産、所有物、健康といった実際的なもの。基礎を固めたり、根源的な才能や資質、五感に優れる。現実的に起きている事柄。

コートカード

コートカードに出てくる人物は各スート4人です。リーディング上では**質問者**、あるいは**相談内容に関わる人物**を象徴します。

人物	元素	二区分	人物像・意味
ペイジ	地	女性性（受容的）	エレメントの資質が最も純粋な形で表れる。子供、少年、少女、若者、大人であっても子供っぽい人。情報やメッセージということも。
ナイト	風	男性性（能動的）	若い人、年をとっていても若々しい人。カードに描かれた馬がエネルギーや行動力、心理状態を表すことがあります。
クィーン	水	女性性（受容的）	大人の女性（男性の場合も）、あるいは若くても成熟した洞察力、包容力のある人。
キング	火	男性性（能動的）	大人の男性、女性でもバリバリ働いている人。あるいは若くても権威や地位のある人。

西洋占星術を使ってタロットを読むときの心構え

　さあ、ここまで西洋占星術の基礎とホロスコープの読み方、それぞれのタロットカードがどの星座（サイン）、どの天体、どの四元素（エレメント）とリンクしているのか勉強してきました。早速、これらの知識を使ってリーディングしてみましょう！！

　ホロスコープを見ながらリーディングをするとはどういうことなのか、その心構えやいくつかのチェックポイントを確認しておきましょう。

> ✦ **質問者のホロスコープ**（出生図・ネイタルチャート）**を制作したら、まず、その質問者の特徴、素材を理解しましょう。**

　ホロスコープの特徴を理解した上でタロットを引いたとき、その人に合った出方をしているのか、そうじゃないかをチェックしましょう。

　例えば、質問者のホロスコープはうお座が強い人だったとします。出たカードにカップや「水」のカードがよく出ていれば、それは正しい、というようにカードがその人のキャラクターを投影していることがあります。

　逆に、うお座が強い人にワンドや「火」のカードばかり出ていれば、その人は使ったことがない武器を使おうとしている、ということが見えてきて、その人にとってその問題は大変かもしれないと読むことができます。

　出てきたカードはその人が持って生まれたものなのか、そうじゃないのか、占者はホロスコープでその人の資質を把握しておくと、より深く、思いやりのあるリーディングの結果を質問者に伝えることができるでしょう。

　同じワンドや「火」のカードでも、「火」の星座（サイン）の人が出したワンドと、「風」の星座の人が出したワンドは違うということです。

✦ 今、経過（トランジット）のどの天体が 質問者に大きな影響を与えているのかを判断しましょう。

　経過（トランジット）※の天体、どのハウス、どの星座に目を当てるべきか、今、質問者の心の中にある関心事、来ているものは何か、際だったものを見つけましょう。出てきたカードに影響している天体を見極め、時期を読むこともできるでしょう。

※ 経過（トランジット）＝運行している天体のこと

✦ 「愚者」、「吊るされた男」、「審判」 のカードについて

　これらのカードの対応天体は**トランスサタニアン**（天王星、海王星、冥王星）と呼ばれる、土星よりも外側の天体たちです。日常的な細々したことというよりは話が大きい、インパクトが強い問題と考えられます。

✦ 質問者のホロスコープは 「活動」、「柔軟」、「固定（不動）」 どの要素が強いのか加味してみましょう。

　例えば、審判のカードが出たとして、柔軟宮が強い人なら状況に応じて臨機応変に意思決定できそうですが、固定宮が強い人の場合は大変重みがある結果となります。同じ審判のカードであっても、その人の資質によって受け取め方が違うこともあるでしょう。

　「今は動くときではない」というリーディング結果が出た場合、活動宮が強い人なら、動きまわりたいのに動けないと苦痛を感じるでしょう。逆に固定宮が強い人の場合は、動かないことは普通なので「それは通常運転です」となるでしょう。

✦ 未来予測のコンビネーション

　スプレッドの「近未来」の場所に出るカードをどう捉えるかは大きな問題になります。「起承転結」の「転」の部分になり、何が変わるの？　どこが動くの？　何がどう転ぶの？という部分はデリケートに読むべきでしょう。これらはどういう星の影響を受けるのかによって転び方が変わってきます。

　「近未来」を読むのは、「最終結果」に向かうためのステップやプロセスと考えましょう。「近未来」に大アルカナが出ていれば、大きな出来事があるとみます。

　経過（トランジット）の天体も大いに参考になります。例えば、一年ごとにひとつの星座（サイン）を移動する木星の**イングレス**※時期に注目するのも一つの手がかりになります。　　　　　　　　　　　　※イングレス＝天体が進行して星座（サイン）を変える時の用語

　木星のイングレスが絡むような問題は、「運命の輪」（木星を支配星に持つのカード）で出ることが多いです。そこで流れが変わるとか、ラッキーなことが起こりそうと読めるでしょう。

　出生図のなんらかの天体にトランジットの木星が重なると、変化する兆しが見えることもあるでしょう。

✦ 「潜在意識」について

　心の奥底にある潜在的なもの、**アカシックレコード**※とつながっている部分、この問題に関して質問者はどのような手段で潜在意識とつながっているのかを見てみましょう。そこがその人らしいのか、らしくないのは大きな問題になります。

※アカシックレコード＝時間と空間を超えた全宇宙で起きたすべての出来事を記録したデータベース

✨「意識のあらわれ（顕在意識）」について

質問者がやりたいと思っている意識の上に上がってきたカードと出生図を見比べたとき、その人らしいことがしたいのか、もっと新しいことがしたいのか、それとも不得意なことをやろうとしているのかを、考慮してみましょう。

KEY（キーカード）について

問題に対して何が鍵（キー）になっているのかを見極めるには、そこに出てきたカードに対応する天体、星座（サイン）、エレメントなどに注目しながら出生図を見たとき、その人のやるべきことが見えてくる場合もあります。

キーカードとは、「潜在意識」と「意識のあらわれ（顕在意識）」をつなぐものです。ここに出てきたカードをいつも障害的なものと読むのは、少々ネガティブな考え方と言えそうです。タロットの出方とホロスコープに善し悪しはありません。ホロスコープに書かれていることは、その人がその人のままであっていいということであり、その人が社会に対してどのようなスタンスで関わっているのか、社会がそれを認める認めないは、その時々で変わっていくものです。

今、嫌なことがあったとしても、それを理解しフラットな姿勢で問題に取り組むことは大事なことです。

Chapter 4 タロットとホロスコープを読むための実践リーディング

タロットリーディングに西洋占星術を応用する技法

★タロットとホロスコープの2WAYリーディング★

質問者の出生図で太陽と月の性質をしっかり把握しましょう。

まず、占いたい人のホロスコープ、出生図（ネイタルチャート）と経過図（トランジットチャート）を用意して、質問者の太陽と月の性質を把握しましょう。この後の130ページからの実例集では、質問者の太陽と月と基本的な特徴をまとめた「ホロスコープ（出生図）からその人の資質をチェックしよう！！」（❶）覧がありますので参考にして下さい。

大アルカナが出ている所は大きな意味を持ちます。

実例集では、大アルカナ出現箇所に、「大 大アルカナ出現!! ホロスコープに注目」（❷）枠を作りました。それはホロスコープ上のここに注目して、という大アルカナからのメッセージです。タロットから読み取ったことをホロスコープ上で後押しをしてくれたり、そこから深い理由が見えてくることもあるでしょう。その他、ホロスコープ上で注目すべき箇所には「✦ ここが気になる!! ホロスコープをチェック」（❸）枠がありますので参考にしてください。

慣れないうちは、右ページにある表で大アルカナに対応する星を確認しましょう。

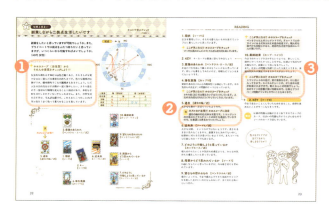

118

大アルカナが出たときのチェック手順

天体対応のカードが出た場合

1、その天体は、出生図でどのようなコンディションか。
2、その天体は、経過（トランジット）の天体からどのような影響を受けているか。
3、経過でのその天体は、出生図のどこに影響を与えているか。

星座対応のカードが出た場合

1、出生図でその星座に天体があれば、そのコンディションをチェック。
2、その星座にある天体は、経過の影響を受けているか。
3、星座に天体がない場合、その星座の支配星を探し、そのコンディションをチェック。
　その支配星は、経過の影響を受けているか。

強調されているエレメントに注目

　質問者の太陽や月の四元素（エレメント）をチェック。例えば、太陽がおひつじ座、しし座、いて座のいずれかの場合、「火」のエレメントのカードが出ているかどうか。

　出生図で強調されているエレメントに対応したスート（ワンド、カップ、ソード、ペンタクル）が出ているか。

　例えば、出生図に「火」のエレメントが強調されていた場合、出ているカードにもワンドが多ければ、質問者は慣れたその武器を大いに使おうとしていて、逆にカップ（「水」）が多ければ慣れないことをしていると読むことができます。

	大アルカナ	対応	支配星（副支配星）
1	魔術師	水星	
2	女教皇	月	
3	女帝	金星	
4	皇帝	おひつじ座	火星
5	法王	おうし座	金星
6	恋人たち	ふたご座	水星
7	戦車	かに座	月
8	正義	てんびん座	金星
9	隠者	おとめ座	水星
10	運命の輪	木星	
11	力	しし座	太陽
12	吊るされた男	海王星	
13	死神	さそり座	冥王星（火星）
14	節制	いて座	木星
15	悪魔	やぎ座	土星
16	塔	火星	
17	星	みずがめ座	天王星（土星）
18	月	うお座	海王星（木星）
19	太陽	太陽	
20	審判	冥王星	
21	世界	土星	
0	愚者	天王星	

答えを分かりにくくする質問と、分かりやすくする質問

気になることをとりとめもなく思いながらカードに尋ねると、何をどう答えていいのか分からなくなることがあります。占う前はできるだけ質問を整理してみましょう。

| 右の言葉は答えを分かりにくくする質問の仕方の例です。 | → | ○○して大丈夫ですか？
○○しないほうがいいですか？
○○するためにはどうしたらいいですか？ |

否定形の言葉を使わず肯定形の言葉を使いましょう。また「大丈夫かどうか」は選択肢を狭めてしまい、ほかのメッセージに気付かないことがあります。「どうしたらいいか？」という質問は、アドバイスだけを性急に求めていて、出たカードの意味がよく分からない原因になるでしょう。

| 良い例は
右のような質問の仕方です。 | → | ○○についてはどうなりますか？
○○の流れはどうなりますか？ |

このように質問するとシンプルで分かりやすい答えが得られます。タロットは、びっくりするような結果や奇跡のような答えを出してくれる、というよりはむしろ、そう言われてみればそうだった、こんなやり方もあったかもしれない……ということに気付かせてくれます。まずは問題の全体像を把握し、原因を確認しましょう。原因を知ればおのずとどうしたらいいか、分かってくるでしょう。

シャッフルとは、カードをまぜ合わせることです。カードはすべて裏向きのまま、時間や回数は気にせず、両手でゆっくり右に回します。

次は、カットです。**1.**裏向きのままカードをひとつの山にまとめます。**2.**その山を置いてから、左手で好きなように2つの山に分けます。質問者がいるときは本人に左手で行ってもらいます。（左手は無意識の力を持つと言われています。） **3.**占者が、カットした山を最初の順番とは入れ替えるように、左手で再びひとつの山にまとめます。

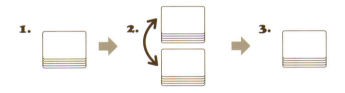

自分のことを占う時は、カードの右上の角を自分の手前に引き寄せます。（図1）
質問者に占いをするときはカードの左上角を自分の方へ引き寄せてください。（図2）
上から1枚ずつカードをめくってスプレッドの順番通り展開していきます。

（図1）自分を占う時　　　　　　　　　（図2）質問者を占う時

正逆が反対にならないよう、天地は変えずにめくってください。

スプレッドの種類

　スプレッドとは、タロットカードを展開する形のことです。一枚引きから始り色々な種類のスプレッドがあります。本書では5種類のスプレッドを紹介します。質問内容に応じて適正なスプレッドを選び、占ってみましょう。

　枚数の少ないスプレッドであっても、「過去、現在、未来」の流れを捉え、因果関係をつなぐことができれば、的確なリーディングができます。慣れないうちは、カードに親しむところから、枚数の少ないスプレッドで練習してみましょう。どのスプレッドにおいても大アルカナが出た所は大きなポイントになります。

Cross spread
クロススプレッド／解説P124参照　リーディングP130〜133
お互いの気持ちを知って、展開を見る
　5枚のカードを使います。「過去、現在、未来」の横の流れに、心理面の縦のラインをクロスさせ、心の奥にあるものをすくい上げます。心理面の縦ラインを「顕在意識」「潜在意識」に設定して、自分を占うことも可能です。

Macaron spread
マカロンスプレッド／解説P125参照　リーディングP134〜137
わたしと相手をつなぐものは何か

本書オリジナルスプレッド!!

　7枚のカードを使います。本書オリジナルのスプレッドです。クリームがサンドされた2枚1組のお菓子、マカロンをイメージしています。ふたつのことがらの「過去、現在、未来」を並べ、双方をつなぐもの（クリームの部分）を探ります。お互いの関係をよりよい方向へつなぐためのスプレッドです。

　※スプレッド発案：ラクシュミー

Celtic cross spread
ケルト十字スプレッド ／解説P126参照 リーディングP138〜151
問題を多角的に知りたい、深く掘り下げて考えたい

10枚のカードを使います。なんでも占える万能なスプレッドです。「過去、現在、未来」の流れ、望んでいるものと心の奥にあるものを対比させ、多角的な視点から問題の核に迫ります。

Celtic cross spread 17
変形ケルト十字スプレッド（17枚引き） ／解説P126〜127参照 リーディングP152〜162
相手の状況を含め問題を多角的に知りたい、深く掘り下げて考えたい

ケルト十字スプレッドの変形版で17枚のカードを使用します。11枚目以降のカードを占いたい相手の環境（状況）として配置します。自分サイドの状況と、相手の状況とを対比させ、複雑な問題を多角的に考察できます。

> **ケルト十字スプレッドの2番目のKEY（キーカード）は、どう読むの？**
>
> KEYは3番の「意識のあらわれ」と、4番の「潜在意識」をつなぐものです。そこにギャップがあれば、KEYはそれをつなぐ架け橋（アドバイス）と考えて下さい。相手のKEYは、相手の流れを追ったとき、なぜそのようになるのか理由として考えるカードになります。2番目のKEYは全体像を把握してから最後に読んでみましょう。本書のリーディングページでは最終結果のあとにKEY（キーカード）を解説しています。

Horoscope spread
ホロスコープスプレッド ／解説P128〜129参照 リーディングP164〜167
運勢全般を知りたいとき

13枚のカードを使用します。西洋占星術で使われるホロスコープの12ハウスに対応させたスプレッドです。13枚目のカードはKEY（キーカード）になります。運勢全般、恋愛、仕事、健康運などテーマを決めて占いますが、一年間の運勢を見るときによく使われるスプレッドです。

クロススプレッド

お互いの気持ちを知り、展開を見たい時のスプレッド

　質問者と相手の気持ちと、その問題の「過去、現在、未来」の流れの関係性から総合的にリーディングします。相性占いでない場合は、2番目を「顕在意識」（意識のあらわれ）、3番目を「潜在意識」に置き換えることもできます。心の奥に秘めたものや、隠れた問題点などを探ることができるでしょう。78枚すべてのカードを使った方が大小様々な問題を読みやすくします。（※カードを並べる順番や解釈は様々なものがあります）

Cross spread

1. 現在
質問にまつわる今の状況、このカードが示す本質を読み取って次のカードにつなげます。

2. 質問者の気持ち、または顕在意識（意識のあらわれ）
質問にまつわる質問者の気持ちや、置かれている立場。（顕在意識で見た場合、表面に現れている状況）

3. 相手の気持ち、または潜在意識
質問にまつわる相手の気持ちや、置かれている立場。（潜在意識で見た場合、隠れた気持ちや、隠れた状況）

4. 過去
質問にまつわる過去の状況、原因。

5. 未来
過去と現在、双方の気持ちの関係性から見える結果を表します。もし悪い結果であれば、前の2枚のカード、双方の気持ちが原因であることを踏まえ、対策すれば回避できるでしょう。

マカロンスプレッド

わたしと相手をつなぐものを知りたいときのスプレッド

質問者と相手の「過去、現在、未来」を並べ、お互いの状況の流れを読みながら、双方をつなぐものを探します。お互いの関係をよりよい方向へつなぐためのスプレッドです。78枚全てのカードをシャッフルし、番号順にカードを並べて占います。

本書オリジナルスプレッド!!
スプレッドは自作も可能なんだね

1.質問者の過去　2.質問者の現在　3.質問者の未来
7.双方をつなぐもの
4.相手の過去　5.相手の現在　6.相手の未来

Macaron spread

1. 質問者の過去
質問者の過去にまつわる今の状況、原因。

2. 質問者の現在
質問にまつわる質問者の今の状況や、置かれている立場。

3. 質問者の未来
質問者の過去と現在の流れの関係性から見える未来。

4. 相手の過去
質問にまつわる相手の過去の状況、原因。

5. 相手の現在
相手の今の状況や、置かれている立場。

6. 相手の未来
相手の過去と現在の流れの関係性から見える未来。

7. 双方をつなぐもの
双方の過去から未来への流れの関係から見える結果が、双方をつなぐものを表します。

Chapter 4 タロットとホロスコープを読むための実践リーディング

ケルト十字スプレッド

問題を多角的に知りたい、深く掘り下げて考えたいときの定番スプレッド

一番ポピュラーなスプレッドです。カードを10枚使用するスタンダードな方法と、相手がいる場合は、もう7枚追加して自分サイドのカードと見比べて、相手の気持ちを考察する17枚使用する方法があります。これを変形ケルト十字スプレッド（17枚引き）としています。

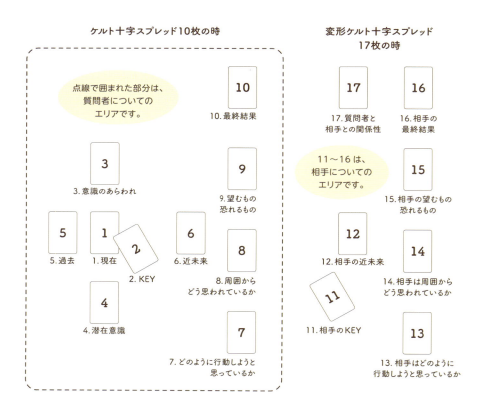

変形ケルト十字スプレッド（17枚引き）で占う時のコツ

「1〜10」枚までのカードは質問者のエリアです。「11〜16」のカードは占いたい相手の環境を示すエリアです。たとえば「7と13」や「10と16」を比較してお互いの気持ちの温度差を見たり、潜在意識（4のカード）と相手の近未来（12のカード）は、気持ちがつながっているかどうか読むこともできます。問題は全て質問者の潜在意識（4のカード）に起因しています。心の奥を読み解くことが大切です。

Celtic cross spread 17

1. 現在
問題にまつわる今の状況、置かれている立場。

2. KEY
本音「4のカード」と建て前「3のカード」をつなぐもの。アドバイスカード。（最後に読みます）

3. 意識のあらわれ
質問者が何を理想としているか。願望や希望。

4. 潜在意識
質問者がまだ気付いていない意識。問題の根本的な要因。問題との相性。

5. 過去
問題にまつわる過去の状況、原因とプロセス。

6. 近未来
問題にまつわるこれから起こりそうな出来事。

7. どのように行動しようと思っているか
質問者がしようとしていること。

8. 周囲からどう思われているか
その問題が周囲からどう思われているのか。対人関係からの影響など。

9. 望むもの恐れるもの
質問者の今後の未来に望むことと、同時に恐れるもの。

10. 最終結果
問題の結果がどうなっていくのか。最終的に得られるもの。

11. 相手のKEY
相手の動きの流れを裏付けるもの（理由）。

12. 相手の近未来
相手の問題にまつわるこれから起こりそうな出来事。

13. 相手はどのように行動しようと思っているか
相手がしようとしていること。

14. 相手は周囲からどう思われているか
その問題にまつわる相手が周囲からどう思われているのか、相手の対人関係からの影響など。

15. 相手の望むもの恐れるもの
相手が今後の未来に望むものと同時に、恐れるもの。

16. 相手の最終結果
相手の問題の結果がどうなっていくのか。最終的に得られるもの。

17. 質問者と相手の関係性
どのように関わり合っているかなど。

ホロスコープスプレッド

運勢全般を知りたい時のスプレッド

ホロスコープの12ハウスに対応させたスプレッドです。運勢全般、恋愛、仕事、健康運などテーマを決めて占ったり、12のハウスそれぞれに月を当てはめ、一年間の運勢などが占えます。また、12ハウスを下記に示してある4つのグループに分けて読むこともできます。

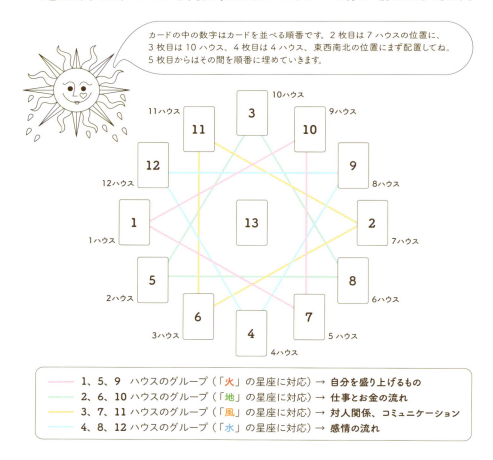

カードの中の数字はカードを並べる順番です。2枚目は7ハウスの位置に、3枚目は10ハウス、4枚目は4ハウス、東西南北の位置にまず配置してね。5枚目からはその間を順番に埋めていきます。

- 1、5、9 ハウスのグループ(「火」の星座に対応) → **自分を盛り上げるもの**
- 2、6、10 ハウスのグループ(「地」の星座に対応) → **仕事とお金の流れ**
- 3、7、11 ハウスのグループ(「風」の星座に対応) → **対人関係、コミュニケーション**
- 4、8、12 ハウスのグループ(「水」の星座に対応) → **感情の流れ**

ホロスコープスプレッドの 4 つのグループ

　春分を起点にして始まるおひつじ座は1ハウス（ハウスは以下H）に対応しています。1Hがおひつじ座なら、5Hはしし座、9Hはいて座になり、これらは「火」のグランドトラインを形成する関係になります。他のエレメントも同じようにグループ化でき、この1H—5H—9Hグループは、自分を盛り上げるグループになります。（左ページ下の枠を参照）このようにグループごとに特徴があり、関連し、補い合います。例えば、金運に関する、2Hと6Hに煮え切らないカードで出ていたとしても、10Hにやる気のカードが出ていて、それを活かすことができれば金運は悪くないと読めるでしょう。また、2Hにやる気のカードが出て、6H、10Hに気乗りしないカードが出ていたとしても、その気乗りしないことをやってみることで、2Hが生きてくるでしょう。一枚ずつバラバラに読むのではなく、グループを関連付けてリーディングしてみると気付きがあるでしょう。

Horoscope spread

1ハウス：今の自分
問題にまつわる質問者の今の状況、
置かれている立場など。

2ハウス：金運　物質運
お金の動きに関する状況、臨時収入、バイト、
資産、才能など。

3ハウス：コミュニケーション
コミュニケーションの取り方、知性に関する
こと（教養、習い事、勉強）、お出かけ運。

4ハウス：家　家族
家族、家庭の状況や、住居環境、ご先祖、墓、
ベースになるものなど。

5ハウス：恋愛　娯楽
恋愛、レジャー、子ども、楽しみ、
クリエイティブなこと、投資など。

6ハウス：健康　労働
職場、労働状況、健康、医療、
ペットのことなど。

7ハウス：対人関係
結婚、パートナー、出会い、職場の人間関係など。

8ハウス：遺産　死
継承、相続、保険、税金、くじ運、血縁、深いつながり、
冠婚葬祭関連など。

9ハウス：旅行　勉強
長期旅行、外国、留学、移住、学問、専門分野、
文化、名誉運、法律、出版関係など。

10ハウス：仕事
社会的立場、野心、向上心、ステイタス、成功など。

11ハウス：友人　未来
コミュニティ、クラブ、サークル活動、組合、仲間、
ネットワーク、将来の希望など。

12ハウス：見えない世界
潜在意識、隠れているもの、ネットの世界など。

13：KEY
質問にまつわる結果がどうなっていくのか。テーマやヒント、
総合的なアドバイスカードになります。

Chapter

4

実践リーディング

タロットとホロスコープを読むための

| case 1 | 夫 婦 |

夫が家事をしてくれなくてイライラします

クロススプレッド
P124 へ

小さな子供が二人いますが、夫が家事をしてくれなくてイライラします。
どうしたらいいでしょうか。（30代 女性）

Natal Chart

✨ ホロスコープ（出生図）からその人の資質をチェックしよう!!

太陽はみずがめ座、月がてんびん座です。両方とも「風」のエレメントなので、**無駄な動きを嫌い、効率よくスパスパ家事**をこなしたいと思うでしょう。その太陽と真向かいにある180度の木星は、パートナーの夫と見ることができます。しし座の木星ですので、遊びや趣味のものを広げて自分の世界を創る夫のようです。その木星は日常生活を示す月と、やる気の火星と調和的なアスペクトをとっていますので、楽しみながらできることを任せると気前よく引き受けてくれそうです。

Cross spread

2. 質問者の気持ち
【カップ6】

チェック項目
同じ数字の「6」が出ているので、夫の性質を踏まえた上で、ソードが持つコントロール能力を発揮すると、気持ちが通じる未来につながるでしょう。

4. 過去
【ワンド・ペイジ／逆】

1. 現在
【ソード・クィーン】

5. 未来
【ペンタクル6】

3. 相手（夫）の気持ち
【ソード5／逆】

チェック項目
大アルカナが一枚も出ていません。その場合、そこまで大ごとになることはない、と読むことができます。

二要素	陽（男性性）		陰（女性性）	
四元素	火	風	水	地
活動		☽		☿ ♄ ♅
固定	♃	☉	♇	
柔軟			♆	♀

ちゃんと伝えて家事シェアしてもらいましょ！！

※出生時間は不明。生まれた時の太陽が1ハウスにくるソーラーサインハウスシステムを使っています。

READING

1. 現在 【ソード・クィーン】
夫の助けなく、ほぼワンオペ、孤独を感じながらも、自分のやり方で手際よく家事をこなしています。

✨ **ここが気になる!! ホロスコープをチェック**
太陽はみずがめ座（風）、月はてんびん座（風）、両方とも「風」のエレメントで、ソード・クィーンは質問者を象徴しています。

2. 質問者の気持ち 【カップ6】
小さなお子さん二人、というのが象徴的なカードです。何があってもお子さん優先という気持ちでしょう。

3. 相手（夫）の気持ち 【ソード5／逆】
夫は奥さんに対して、整理整頓にうるさすぎると思っていそうです。太陽も月も「風」のエレメントである奥さんのキャラクター（整理整頓をしたい、仕切りやすさん）を理解しているということ、二人の力関係は奥さんの方が強そうです。

4. 過去 【ワンド・ペイジ／逆】
手伝ってくれたとしてもいい加減、言われたことしかやらない、アテにならない、または夫が子供と一緒になって散らかしている可能性も。

5. 未来 【ペンタクル6】
何を手伝ってほしいのか具体的に説明すると、求めていることに応えてもらえそうです。察してという気持ちではいつまでたっても通じないでしょう。イライラしてケンカばかりのようなら、何かの記念日にプレゼントをするなど、一度どちらの不満も解消できるギブ＆テイクを心がけるといいでしょう。

Chapter 4 タロットとホロスコープを読むための実践リーディング

131

case 2 趣味
どの楽器が自分に合っているでしょうか

クロススプレッド
P124 へ

ギター、ピアノを習っていましたが、今はドラムを始めました。
どの楽器が自分に合っているでしょうか。（50代 男性）

Natal Chart
✦ ホロスコープ（出生図）からその人の資質をチェックしよう！！

人生の方向性を示す太陽は、**夢が果てしなく広がる**海王星とぴったりくっついて（コンジャンクション）、いて座にあります。**非現実な世界**に入り込みやすく、楽器演奏もそのひとつかもしれません。性格を示す月は、てんびん座にあり、太陽と調和的な角度です。太陽と月、共に海王星の影響を受けていますので**夢の世界**にすんなり没入できるでしょう。太陽のいて座は「火」のエレメント、月のてんびん座は「風」、どちらも上昇していく性質がありますので、ウワモノ※楽器が合うと思いますが、一通り**チャレンジ**したくなるでしょう。
※ドラム、ベース、コードバッキングといった基本のリズムの上に乗るボーカルやメロディー等の音のこと。

Cross spread

2.質問者の気持ち
【悪魔】

大アルカナ出現!!

4.過去
【ペンタクル・ナイト／逆】

1.現在
【ペンタクル・ペイジ／逆】

5.未来
【ペンタクル・クィーン／逆】

3.質問者の潜在意識
【ワンド4／逆】

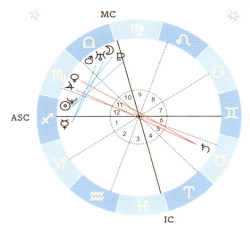

二要素	陽（男性性）		陰（女性性）	
四元素	火	風	水	地
活動		☽☊✶		
固定			♀♃	♄
柔軟	☉☿♅			♇

Let's Rock'n'Roll

READING

1. 現在 【ペンタクル・ペイジ／逆】
現在はドラムを勉強中とのことですが、まだ初心者レベルのようです。丸いペンタクルの形がスネアドラムにも見え、愛着を持って勉強しています。

2. 質問者の気持ち 【悪魔】
楽器を演奏することに強い憧れがあるようです。自分をアピールしたい、もしくはロック好き、好きなミュージシャンにとらわれていたり、盲信しているかもしれません。

> **大アルカナ出現!! ホロスコープに注目**
> 悪魔はやぎ座に対応しますが、出生図のやぎ座に天体がありません。天体がないときは、その星座の支配星を見てみましょう。やぎ座の支配星は土星です。土星は遊びを示す5ハウスにあり、真向かいの11ハウスには趣味の金星と、大らかな木星がいます。11ハウスは友達やサークルを示す場所なので、内輪で遊ぶため何かの楽器を習得したいと思っています。

3. 質問者の潜在意識 【ワンド4／逆】
お祭りカードです。楽器を持ち寄ってセッションしたり、イベントを企てて、内輪の仲間と明るくワイワイ楽しみたいと思っています。

> **✦ここが気になる!! ホロスコープをチェック**
> ワンドは「火」のエレメントです。質問者のいて座（火）の太陽を象徴しています。

4. 過去 【ペンタクル・ナイト／逆】
一度は習得した楽器があったようですが、成長がその時のまま止まり、ブランクが空いてしまっていたようです。

5. 未来 【ペンタクル・クィーン／逆】
4の「過去」のカードのペンタクル・ナイトから一歩進んだクィーンなので、頑張って練習に励むでしょう。しかし、練習方法がマンネリかもしれません。スピードがでない、早弾きできないなど、プロの先生や上手な人に自分に合った練習方法を相談するといいかもしれません。

case 1 | ペット

犬と一緒に住みたいです

本書オリジナルスプレッド　マカロンスプレッド
P125 へ

犬を飼っていました。事情があり、犬の飼えない集合住宅に引っ越すことになりました。今は知り合いに預けています。犬とまた一緒に住めるようになるでしょうか。（40代 女性）　※犬は以下ワンコとします

Natal Chart

ホロスコープ（出生図）からワンコの資質をチェックしよう!!

ワンコの表向きの顔の太陽はうお座、家の中にいるときの態度は月で見ますが、同じ星座なので**表裏がないでしょう**。近くに海王星もあり「水」の要素が強いワンコです。**おおらかな木星とも調和的なアスペクトなので、警戒心がなく、どこへ行っても誰とでもやっていけそう**ですが、ちょっとぐうたらなところもありそうです。再生の星である冥王星の援護もあり、傷ついても回復力は強そうです。火星が太陽に90度で緊張を与えているので躾け次第で凛々しさも見せてくれるでしょう。

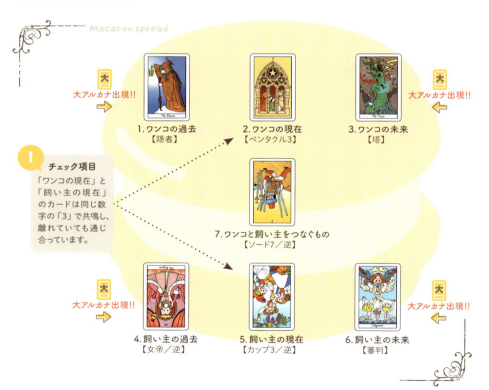

Macaron spread

大アルカナ出現!!　1.ワンコの過去【隠者】
2.ワンコの現在【ペンタクル3】
大アルカナ出現!!　3.ワンコの未来【塔】

チェック項目
「ワンコの現在」と「飼い主の現在」のカードは同じ数字の「3」で共鳴し、離れていても通じ合っています。

7.ワンコと飼い主をつなぐもの【ソード7／逆】

大アルカナ出現!!　4.飼い主の過去【女帝／逆】
5.飼い主の現在【カップ3／逆】
大アルカナ出現!!　6.飼い主の未来【審判】

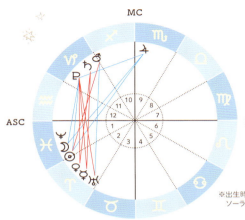

二要素	陽（男性性）		陰（女性性）	
四元素	火	風	水	地
活動	☿♀♃			♄♇
固定			♃	
柔軟	♂		☉☽	

これがワンコ(♀)のホロスコープ!? 性格ばれたワン!!

※出生時間は不明。生まれた時の太陽が1ハウスにくるソーラーサインハウスシステムを使っています。

READING

1. ワンコの過去 【隠者】
留守番などで、独りの時が多かったのか、ちょっと寂しい時期を過ごしていたかもしれません。

> **大 大アルカナ出現!! ホロスコープに注目**
> 隠者は、おとめ座に対応します。

> 👆**ワンランクアップレッスン**
> 天体がないときは、その星座の支配星を見ます。おとめ座の支配星は水星です。一人でも突っ走って遊ぶ、おひつじ座に水星があります。寂しいながらも独り遊びする力がありました。

2. ワンコの現在 【ペンタクル3】
預け先では、世話の役割分担が決められた中で、規則正しく生活しています。

3. ワンコの未来 【塔】
おおらかでちょっと甘えん坊の性格のワンコは、預かり先でトレーニングを受けて、びっくりするくらい変わるかもしれません。

> **大 大アルカナ出現!! ホロスコープに注目**
> 塔は火星に対応。火星はいて座にあり、甘えん坊の太陽と月に90度でやる気のプレッシャーをかけています。わがままが出やすいですが、思いもよらない形で訓練されそうです。

4. 飼い主の過去 【女帝／逆】
飼い主は留守番をさせている負い目があって、甘やかして育ててしまったかもしれません。

> **大 大アルカナ出現!! ホロスコープに注目**
> 女帝は金星に対応。飼い主にとってかわいいペットを表しています。その金星に土星が90度で制限をかけているので、飼うことが難しくなっていく葛藤を抱えていました。

5. 飼い主の現在 【カップ3／逆】
飼い主は3人家族です。ワンコがいないむなしさを感じています。

6. 飼い主の未来 【審判】
ワンコとの生活を復活させるには、意識改革が必要です。

> **大 大アルカナ出現!! ホロスコープに注目**
> 審判は意識改革を表す冥王星に対応。ワンコの出生図の木星（発展）と太陽（生きがい）に調和。飼育環境やライフスタイルを犬に合わせる生活へシフトし、ワンランク次元を変えることで、復活を果たせるでしょう。

7. ワンコと飼い主をつなぐもの 【ソード7／逆】
ソード7は移動の意味があります。やはり犬OKの家を探して引っ越すのがいいでしょう。

case 2 **資格**

簿記（3級）の勉強をしていますが合っているでしょうか

本書オリジナルスプレッド
マカロンスプレッド
P125 へ

子供は成人していますが、離婚後、ずっと一般事務職で働いてきました。これから先も仕事をしなければ苦しいです。簿記（3級）の勉強をしていますが合っているでしょうか。（50代 女性）

Natal Chart

★ ホロスコープ（出生図）からその人の資質をチェックしよう!!

社会的な顔を表すMCはてんびん座にあり、ものごとを**客観的**に捉え、**公平さ**を必要とされる職業に向いています。簿記など会計業務は向いているでしょう。ただ、そのMCに変化を表す天王星があり、人生の方向性を示す太陽と、日常生活を示す月がTスクエアという**緊張と努力**のアスペクトを作っています。公私ともに**変化が多く、ドタバタ忙しい**日々を送っているかもしれません。仕事の部屋である10ハウスに、やる気の火星と発展の木星があり、**社会活動の中に幸運**があります。

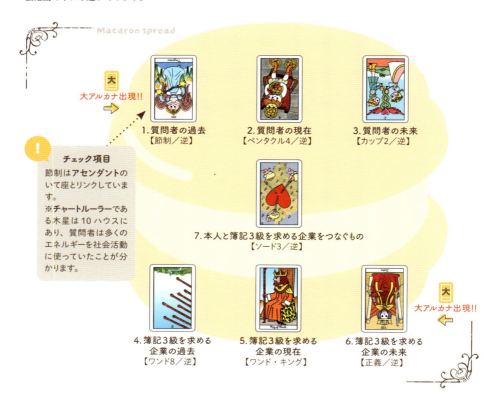

Macaron spread

大 大アルカナ出現!!

1. 質問者の過去
【節制／逆】

2. 質問者の現在
【ペンタクル4／逆】

3. 質問者の未来
【カップ2／逆】

! チェック項目
節制は**アセンダント**のいて座とリンクしています。
※**チャートルーラー**である木星は10ハウスにあり、質問者は多くのエネルギーを社会活動に使っていたことが分かります。

7. 本人と簿記3級を求める企業をつなぐもの
【ソード3／逆】

4. 簿記3級を求める
企業の過去
【ワンド8／逆】

5. 簿記3級を求める
企業の現在
【ワンド・キング】

6. 簿記3級を求める
企業の未来
【正義／逆】

大 大アルカナ出現!!

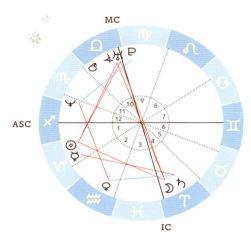

二要素	陽（男性性）		陰（女性性）	
四元素	火	風	水	地
活動	☽ ♄	☿ ♃ ♆		☉ ☿
固定		♀	♆	
柔軟				♇

チャートルーラーを
意識して
使ってみてね!!

※**チャートルーラー**とは、アセンダントの星座の支配星のこと。そのホロスコープ全体の雰囲気を支配するものです。それが何ハウスにあるのか、そのハウスでは人生の上で**重要な経験や役割**を担うと言われています。

READING

1. 質問者の過去 【節制／逆】
少しゆっくりしたいのに、そうも言ってられないジレンマがありそうです。

> **大アルカナ出現!! ホロスコープに注目**
> 節制はいて座に対応。出生図では質問者の資質を示すアセンダントにいて座があります。カードは逆位置なので、これまでは自分の資質を活かし切れていなかったかもしれません。

2. 質問者の現在 【ペンタクル4／逆】
安定した生活がどうしても欲しい。そのため資格が本当に役に立つのかどうか、勉強して損をしないか心配に思っているようです。

3. 質問者の未来 【カップ2／逆】
気持ちがいまいち乗らないけれど、やらなければいけないこととして勉強を頑張るでしょう。

4. 簿記3級を求める企業の過去 【ワンド8／逆】
会計業界では人材の減少があったかもしれません。

5. 簿記3級を求める企業の現在 【ワンド・キング】
現在は企業に求められています。資格を持つ方が有利になりそうです。

6. 簿記3級を求める企業の未来 【正義／逆】
AIの発達により、雇い側と人材のバランスが崩れる可能性が。しかし、AIにできないスキルを伸ばすことで価値が高められそうです。

> **大アルカナ出現!! ホロスコープに注目**
> 正義はてんびん座に対応。質問者の社会の顔を示すMCがてんびん座で共にリンクしています。10ハウス（仕事）に天体が3つ入り賑わっているので簿記3級資格以外にも資格取得にチャレンジしてみるとよさそうです。戦力につながる資格があると発展するでしょう。

7. 本人と簿記3級を求める企業をつなぐもの 【ソード3／逆】
簿記は会計業務のひとつとして、あと二つほど転職に有利な資格をとるとよいかもしれません。

case 1 仕事と住まい
副業しながら二拠点生活したいです

ケルト十字スプレッド
P126 へ

副業をしたいと思っていますが可能でしょうか。また、プライベートでは拠点をふたつ持ちたいと思っていますが、いつくらいから行動すればよいでしょうか。
（40代 女性）

Natal Chart
ホロスコープ（出生図）から
その人の資質をチェックしよう!!

社会的な顔を示す**MC**は**ふたご座**にあり、そもそも**バリエーション**に富んだ仕事能力の持ち主です。色々な種類の仕事ができ、**掛け持ち**でこなす**器用さ**もあるでしょう。ただ人生の方向性を示す太陽が一途に集中したいさそり座なので一度始めた職種を変えることに抵抗があり、多彩な才能を活かしきれていないかもしれません。また、日常生活を示す月は、**てんびん座**です。これもまた二つのことの**バランス**をうまく取って暮らせることを表しています。

二要素	陽（男性性）		陰（女性性）	
四元素	火	風	水	地
活動				
固定				
柔軟				

Celtic cross spread

大アルカナ出現!!

5. 過去
【運命の輪／逆】

3. 意識のあらわれ
【ペンタクル・エース／逆】

1. 現在
【ソード5】

2.KEY
【ソード8】

6. 近未来
【ソード6／逆】

4. 潜在意識
【カップ10】

10. 最終結果
【カップ・ペイジ】

9. 望むもの恐れるもの
【ペンタクル4／逆】

8. 周囲から
どう思われているか
【ソード7】

7. どのように
行動しようと思っているか
【カップ・エース／逆】

inspiration : lakshmi

138

READING

1. 現在 【ソード5】
生活を整理したい、そろそろ要らないものを捨ててシンプルに暮らしたいと思っています。

> ✦ **ここが気になる!! ホロスコープをチェック**
> ソード（風）は質問者のてんびん座の月とリンクします。

2. KEY キーカードは最後に読んでみましょう

3. 意識のあらわれ 【ペンタクル・エース／逆】
お金だけを目指して働くのはもういいかなと思っています。新しい仕事をしてみたいけど、明確なビジョンはまだないようです。

4. 潜在意識 【カップ10】
家族や身の回りの人との関係性には満足しています。その気持ちの充足がこの問題のテーマとなっています。

> ✦ **ここが気になる!! ホロスコープをチェック**
> さそり座（水）の太陽とカップはリンクしていて、人生の方向性も人との充足にシフトしていこうとしています。

5. 過去 【運命の輪／逆】
大きな仕事が一区切りついたようです。

> **大アルカナ出現!! ホロスコープに注目**
> 運命の輪は木星に対応。経過（トランジット）の木星は出生図のMCを通過していますので、仕事運には恵まれていたでしょう。

6. 近未来 【ソード6／逆】
大きな決断、というわけではないようです。流されるままに色々なことをやり、副業すると決めてないのに、結果的に何かを引き受けているようです。またソード6は引越しのカードでもあります。

7. どのように行動しようと思っているか 【カップ・エース／逆】
個人のやりたいことや気持ちの満足よりも、みんなの気持ちを優先したいと思っています。

8. 周囲からどう思われているか 【ソード7】
引越しをしたいと思っていますが、今は様子見だと思われています。

9. 望むもの恐れるもの 【ペンタクル4／逆】
場合によっては、今まで積み上げてきた技術やキャリアを手放した方がいいのかもしれないが、まだそれも怖いという恐れがあります。

> ✦ **ここが気になる!! ホロスコープをチェック**
> ペンタクルは「地」のエレメントです。チャートで「地」のサインにある天体はおとめ座の金星です。職人的な細やかな気配りがあり、美術的な才能や技術レベルは高いでしょう。

10. 最終結果 【カップ・ペイジ】
今までのキャリアを活かすというよりは、新しいこと、純粋にやってみたかったことをやろうとします。待遇より気持ちが大事なので、副業という形になるでしょう。また、住まいの問題は気軽に行ったり来たりできる、家族の気持ちが満足できるスタイルがよいでしょう。

> ✦ **ここが気になる!! ホロスコープをチェック**
> 経過（トランジット）の木星が、家や家族を示すかに座に入ってきます。出生図のかに座の火星が刺激されますので、動くならこの時期でしょう。「水」のサインの影響が強い時期なので、仕事とプライベート問題がリンクしやすいこともあります。

2. KEY 【ソード8】
今まで見ないことにしていたものを見ること、視野を狭めないことがキーになりそうです。

> 補足 仕事の問題は太陽がさそり座なのでカップのカード、住まいの問題は月がてんびん座なので、ソードのカードで読んでいます。

色々なアイデアが出てくるから楽しまなくちゃ!!

case 2 介護
高齢になった母の介護について

ケルト十字スプレッド
P126へ

実母の介護を将来的にどうしていくのがよいか。施設にいくのがよいか、自宅で世話をするのがよいか考えています。（60代 男性）

Natal Chart
ホロスコープ（出生図）から
その人の資質をチェックしよう!!

人生の方向性を示す太陽はやぎ座で、やる気の火星と楽しみの金星、知性の水星の4つの天体は6ハウスという**仕事**や**奉仕**、**健康**、**医療**などを表す場所にいます。親の介護のことを常に気に留めているのがよく分かります。日常生活を表す天体は月ですが、母親を示すこともあり、その月は家や家庭を示す4ハウスにいて、家に必ず母がいると読むことができます。癒やしと奉仕の海王星と同居していますので、**ホスピタリティ**の高い訪問介護などの利用を視野にいれるとよさそうです。

二要素	陽（男性性）		陰（女性性）	
四元素	火	風	水	地
活動		☽		☉☿♀♂♄
固定		♃		♅
柔軟				♆♇

Celtic cross spread

3. 意識のあらわれ
【ソード・キング】

大アルカナ出現!!

10. 最終結果
【世界】
大アルカナ出現!!

5. 過去
【ワンド4／逆】

1. 現在
【ワンド2／逆】

2.KEY
【ソード7】

6. 近未来
【恋人たち】

9. 望むもの恐れるもの
【カップ9／逆】

8. 周囲から
どう思われているか
【ソード・ナイト】

4. 潜在意識
【ワンド3】

7. どのように
行動しようと思っているか
【ペンタクル・ナイト】

140

READING

1. 現在 【ワンド2／逆】
今すぐ、というわけではないようですが、計画を立てようと思っています。

> ✨ **ここが気になる!! ホロスコープをチェック**
> 本人の出生図には「火」の要素がなく、やったことがないことに挑もうとしています。

2. KEY　キーカードは最後に読んでみましょう

3. 意識のあらわれ 【ソード・キング】
家族の負担が大きくなるのであれば、冷静な判断として施設入居もあり得ると考えています。

4. 潜在意識 【ワンド3】
1の「現在」カード同様、質問者にとってワンド（火）の扱いは苦手のようですが、家族（3人）で協力し、前向きに未来を考えようとしています。

5. 過去 【ワンド4／逆】
これまでも家族が情熱をもって世話をしてきたようです。

6. 近未来 【恋人たち】
若いスタッフがいるデイケア、新しい情報が得られるなど、良い選択ができそうです。

> 大 **大アルカナ出現!! ホロスコープに注目**
> 恋人たちはふたご座に対応。経過（トランジット）のふたご座の木星が、出生図の月と120度で調和しています。母親が幸運であると読めるでしょう。

7. どのように行動しようと思っているか　【ペンタクル・ナイト】
まだ具体的に動いているわけではなく、現状維持状態です。

8. 周囲からどう思われているか 【ソード・ナイト】
そのときがくれば素早く対処できるだろうと思われています。

> ✨ **ここが気になる!! ホロスコープをチェック**
> 質問者の月はてんびん座（風）です。家庭やプライベートでの姿はソード・ナイトで、質問者を象徴しています。

9. 望むもの恐れるもの 【カップ9／逆】
介護のやり方に実母が満足してくれることが望みであるが、母が弱っていくことの恐れもある。

10. 最終結果 【世界】
介護について情報を集めてきた最終地点は、家族、実母も満足のいく結果となりそうです。

> 大 **大アルカナ出現!! ホロスコープに注目**
> 世界は土星に対応。出生図の土星は、4ハウス（家）にいるの月（実母）と試練の90度のアスペクトをとっています。それなりの苦労はあるかもしれませんが、実母は自宅で過ごすことになるでしょう。

> ✨ **ここが気になる!! ホロスコープをチェック**
> うお座を通過中の経過（トランジット）の土星も、質問者の太陽を含む、やぎ座の天体群とはセクスタイルという調和角度です。医療や介護に関する基礎知識や情報をこの時期に得ることができるでしょう。

2. KEY 【ソード7】
実母は自身の今後をどのように思っているのか、実母の出方を探りながら行動してみましょう。

> 自分の性格を表す月は、お母さんのことを表すこともあるのよ。

case 3 恋愛
出会いを探すか、自由でいるか

ケルト十字スプレッド
P126 へ

彼氏と別れてから一年、新しい出会いが欲しいと思いつつ、一人でも楽しい日々を送っています。出会いを探したい気もしますが、割り切って自由に過ごしている方がいいでしょうか？（40代 女性）

Natal Chart
✨ ホロスコープ（出生図）から
その人の資質をチェックしよう！！

恋愛傾向を表す金星は、ふたご座にあり**色々な形の恋愛**を経験しそうです。また性格を示す月と180度という外に向かうアスペクトを持っていますので、**趣味**などは**オープン**にして楽しみます。ふたご座の金星は「風」、いて座の月は「火」のエレメントなので、**愛情表現はストレート**です。多趣味であることから**自由人**と思われる節もありそうですが、人生の方向性を示す太陽は、仲間や家族のつながりを大切にするかに座とあって、最終的には**人との共存**がテーマになるでしょう。

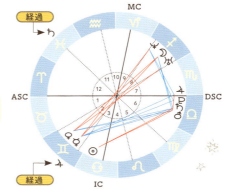

二要素	陽（男性性）		陰（女性性）	
四元素	火	風	水	地
活動		♂ ☽ ♇	☉	
固定	☾ ♅ ♆		♃	
柔軟	☾ ♀ ♆		♀ ☿	

Celtic cross spread

3. 意識のあらわれ 【悪魔】 大アルカナ出現!!
5. 過去 【運命の輪】 大アルカナ出現!!
1. 現在 【愚者】 大アルカナ出現!!
6. 近未来 【女帝】 大アルカナ出現!!
2. KEY 【ソード・キング】
4. 潜在意識 【ソード8／逆】

10. 最終結果 【カップ9】

9. 望むもの恐れるもの 【カップ・ペイジ／逆】

8. 周囲から どう思われているか 【ペンタクル7】

7. どのように 行動しようと思っているか 【ペンタクル3】

READING

1. 現在 【愚者】
自由を満喫しています。一人でいるのが楽しい状態です。

> **大 大アルカナ出現!! ホロスコープに注目**
> 愚者は天王星に対応。出生図の天王星は恋愛傾向を見る金星と180度のアスペクトです。自由でいることが大事であり個人主義的なところがあります。友達みたいな恋人や、電撃的な出会いで恋愛が始まることがありそうです。

2. KEY　キーカードは最後に読んでみましょう

3. 意識のあらわれ 【悪魔】
一人でいるのも楽しいですが、これまでと違うタイプの人と、もっと恋愛を楽しみたいと思っています。

> **大 大アルカナ出現!! ホロスコープに注目**
> 悪魔はやぎ座に対応し、その支配星は土星になります。うお座を通過中の経過の土星は、出生図のかに座の太陽と調和し、安定した人生、という気付きを与えています。と同時に、恋愛の金星とは試練の90度となり、恋愛への考え方が一旦リセットされて生き方と恋愛、ダブルで刺激を受けています。

4. 潜在意識 【ソード8／逆】
心を閉ざさず、色々な人と関わりたいと思っています。

5. 過去 【運命の輪】
彼氏と別れたことで大きな変化がありました。

> **大 大アルカナ出現!! ホロスコープに注目**
> 運命の輪は木星に対応。出生図の恋愛傾向を示す金星は、ふたご座にあり、経過（トランジット）の木星（チャンス）はまさにその上を通過中、モテ期を自由に楽しみました。

6. 近未来 【女帝】
結婚を視野に、いい出会いが訪れそう。独りでいた方がいいのでは？ という気持ちがなくなりそうです。

> **大 大アルカナ出現!! ホロスコープに注目**
> 女帝は金星に対応。5の「過去」と同様、出生図の金星に、経過の木星が乗っていて、出会いのチャンスが来ています。

7. どのように行動しようと思っているか 【ペンタクル3】
段階を踏みながら、きちんとしたお付き合いを始めようと思っています。

8. 周囲からどう思われているか 【ペンタクル7】
モテるので、独りでいることを決めかねている人、と思われているようです。

9. 望むもの恐れるもの 【カップ・ペイジ／逆】
6の「近未来」に女帝が出ているので、妊娠の可能性も考えられますが、甘い結婚生活にあこがれる反面、結婚に依存しやすい自分への恐れもあるようです。

10. 最終結果 【カップ9】
物心両面で満足の得られる相手との出会いとなるでしょう。

2. KEY 【ソード・キング】
付き合う人をノリのよさで選ぶのではなく、一歩引いて冷静になって見る、潜在意識の中にある痛みを引きづらないことを意識してみましょう。

リーディングポイント!!
6の「近未来」に女帝が出ています。恋愛、結婚は大いに期待がありますので、独りでいるより出会いを求めた方がいいでしょう。

チャンスが来ているよ!!

case 4 対人関係
人が苦手です

ケルト十字スプレッド
P126 へ

人が苦手で高校を中退し、就職もしていません。実家の家業の手伝いをしていますが、今後どのように過ごしたらいいでしょうか。（20代 男性）

Natal Chart
**ホロスコープ（出生図）から
その人の資質をチェックしよう!!**

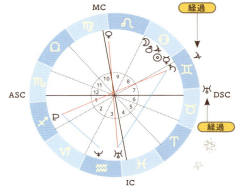

家族や身内を示すかに座に10天体中、5天体が集中し、人生の方向性を示す太陽と私生活の月も含まれています。**家族の結束力**を示すかに座の天体群には、他の天体とつながるアスペクトがなく、それが**外界との関わり方**に関係しているかもしれません。それらは8ハウスにあり、いずれは何かを**継承、家を継ぐ**形になっていくでしょう。まだ若いので、家族としては社会勉強をして欲しいと思われますが、無理をせず、経過（トランジット）で大きな天体が動く時を待ってみましょう。

二要素	陽（男性性）		陰（女性性）	
四元素	火	風	水	地
活動			☉☽☿♂♃	
固定		♅		
柔軟	♇	♄		♀

celtic cross spread

3. 意識のあらわれ
【ソード・クィーン／逆】

10. 最終結果
【ソード3／逆】

5. 過去
【カップ・エース】

1. 現在
【ワンド・キング】

2.KEY
【ペンタクル7】

6. 近未来
【ペンタクル・ナイト／逆】

9. 望むもの恐れるもの
【正義／逆】

大アルカナ出現!!

8. 周囲から
どう思われているか
【運命の輪／逆】

大アルカナ出現!!

大アルカナ出現!!

4. 潜在意識
【法王】

大アルカナ出現!!

7. どのように
行動しようと思っているか
【愚者】

READING

1. 現在 【ワンド・キング】
家業の手伝いは、仕事として戦力になっています。

▶ **ここが気になる!! ホロスコープをチェック**
1ハウスの冥王星がただひとり「火」のエレメントで、ワンドとリンクします。

2. KEY キーカードは最後に読んでみましょう

3. 意識のあらわれ 【ソード・クィーン／逆】
いずれもっと格好いいことがしたいので、家業の手伝いは必要以上のことはせず、どこかで線を引きながら過ごそうと思っています。

4. 潜在意識 【法王】
家を継ぐには向いています。対人関係が好きではないだけで、自分の能力には自信があるはずです。

▶ **大アルカナ出現!! ホロスコープに注目**
法王はおうし座に対応し、支配星は金星です。出生図の金星は、社会的な顔を示すおとめ座のMCとコンジャンクションして、天王星（改革）とは真向かいのオポジションです。マニアックな美的センスと技術に秀でるものがあるでしょう。

5. 過去 【カップ・エース】
愛をもって大事に育ててもらった家族には感謝しているようです。ただ、純粋な気持ちが周囲になかなか伝わらなかった経験をしたでしょう。

6. 近未来 【ペンタクル・ナイト／逆】
コツコツやることがあまり面白くないかもしれません。

7. どのように行動しようと思っているか 【愚者】
今の所、家業を継ぐという考えには至らないようです。これという仕事を決めずに自由でいたいと思っています。

▶ **大アルカナ出現!! ホロスコープに注目**
愚者は天王星に対応。経過の天王星は、おうし座を通過中、天王星は独立心を示す天体でもあります。社会へ飛び出す起点となるディセンダント（DSC）に触れ、刺激されていました。その天王星がふたご座に入れば、閉塞感から逃れ心機一転、状況が変わっていく可能性がありそうです。

8. 周囲からどう思われているか 【運命の輪／逆】
まだ若いということもあって、大器晩成型だと思われています。

9. 望むもの恐れるもの 【正義／逆】
世間一般の普通とは違う状況なのは分かっているけれど、だからと言ってどうにもできないという恐れ。

▶ **大アルカナ出現!! ホロスコープに注目**
正義はてんびん座に対応し、その支配星は金星です。4の「潜在意識」でも出てきた金星ですが、てんびん座の「風」の影響を受けた金星と考えると、IT関係など先進技術の才能もあるかもしれません。

10. 最終結果 【ソード3／逆】
自分にできることをきっちり整理して、方向性を見出そうとしています。

▶ **2. KEY 【ペンタクル7】**
今はまだ迷っていてもいい時期です。対人スキルに関しては、分かってもらえることに期待せず、70%の力で接することを心がけましょう。

リーディングポイント 1
質問者の出生図は「水」のエレメントが多いですが、スプレッド上では5の「過去」のカードのみが「水」のカードで、あとは別のエレメントです。できるだけ身内に頼らないようにしたいと意識しているのが分かります。

リーディングポイント 2
8ハウスは一心同体になりやすい部屋でもあり、結果的に家族と過ごすという無理のないやり方に落ち着きがちです。その中でおとめ座の金星と天王星のオポジションは異質ですが、マニアックな趣味を活かしていくことで日常生活の満足度が上がるでしょう。また、好き嫌いも激しいので、沢山の人より限られた人とだけ関わることで、対人関係も楽になっていくでしょう。

case 5 起業
起業を考えています

ケルト十字スプレッド
P126 へ

占い師ですが、モデル派遣業も四半世紀やってきました。今後、占い館の起業も考えています。長期的に働くためにどのような事業展開が向いているでしょうか。（女性 60代）

Natal Chart
⭐ ホロスコープ（出生図）から
その人の資質をチェックしよう!!

人生の方向性を示す太陽はやぎ座にあって、ビジネスの成功のために色々なところから協力を得てくる才能があるでしょう。社会の顔であるMCにあるうお座は、**感性やアートを扱う**ことに適しています。長期的スパンを表す土星はみずがめ座にあり、組織に対する**フラットな視点と責任**を示しています。かに座（母性）のアセンダントの支配星は月（心理）になり、社会や仕事を表す10ハウスにあります。**カウンセラー業務**はもちろんのこと、**組織の中のお母さん的存在、相談役**としても信頼が厚いでしょう。

二要素	陽（男性性）		陰（女性性）	
四元素	火	風	水	地
活動	♃			☉ ☿
固定		♂ ♄		♅
柔軟			☽ ♀	♆ ♇

Celtic cross spread

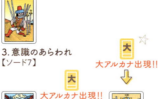

3. 意識のあらわれ
【ソード7】

大アルカナ出現!!
大アルカナ出現!!
大アルカナ出現!!
大アルカナ出現!!

5. 過去
【皇帝／逆】

1. 現在
【審判】

6. 近未来
【正義】

2.KEY
【ワンド5】

4. 潜在意識
【吊るされた男／逆】

10. 最終結果
【ワンド・クィーン】

9. 望むもの恐れるもの
【ソード・ナイト】

8. 周囲から
どう思われているか
【ソード4】

7. どのように
行動しようと思っているか
【ペンタクル3／逆】

inspiration : lakshmi

146

READING

1. 現在 【審判】
まさに今、大きな決断と変容のときが来ています。

> **大アルカナ出現!! ホロスコープに注目**
> 審判は冥王星に対応。出生図のやぎ座の太陽に経過（トランジット）の冥王星が丁度重なっています。人生の方向を根本的に変えて、再生するテーマに向き合っているでしょう。

2. KEY　キーカードは最後に読んでみましょう

3. 意識のあらわれ 【ソード7】
状況をうまく読みながらプライベートも両立したいと思っています。

4. 潜在意識 【吊るされた男／逆】
何もかもひとりで背負うことになる、大変な仕事であることは分かっているようです。

> **ここが気になる!! ホロスコープをチェック**
> 吊るされた男は、うお座に対応しています。出生図のうお座の月とリンクしていて、質問者を象徴しています。

5. 過去 【皇帝／逆】
以前はビジネスパートナーとの意見の相違があり、経営するにあたって特殊な業界だったかもしれません。

> **大アルカナ出現!! ホロスコープに注目**
> 皇帝はおひつじ座に対応。出生図では寛大を意味する木星がおひつじ座にあり、水星とスクエアです。シビアなビジネス感覚を持ちつつも、人材についての価値観だけは甘いところがあったかもしれません。

6. 近未来 【正義】
条件に合った物件が見つかり、契約を取り交わす運びになりそうです。

> **大アルカナ出現!! ホロスコープに注目**
> 正義はてんびん座に対応し、その支配星は金星です。出生図の金星はうお座で、仕事の顔を表すMCに近いところにあり、仕事上の契約が行われることの暗示になります。

> **ワンランクアップレッスン!!**
> 5の「過去」のカードから、この「近未来」では、ビジネスパートナーの合意があったと読むこともできます。

7. どのように行動しようと思っているか 【ペンタクル3／逆】
技術より才能を重視し、今いる組織から離れようと思っています。

8. 周囲からどう思われているか 【ソード4】
最近あまり大々的に動いてないなと周囲に思われているようです。

9. 望むもの恐れるもの 【ソード・ナイト】
早く行動したいけど、急いだことで失敗するのは避けたいと慎重になろうとしています。

10. 最終結果 【ワンド・クィーン】
自分色のもの、自分がやりたいことを華やかに、元気よく押し進めるでしょう。

2. KEY 【ワンド5】
あれもこれも背負い込まない。好みでないことはやらない方がいいでしょう。

> **ここが気になる!! ホロスコープをチェック**
> ワンドは「火」のエレメントを表します。仲間を示す11ハウスに（5度前ルール※）、おひつじ座（火）の木星があり、ワンド・クィーンを象徴しています。女性を集めて仕事をすることになるでしょう。

リーディングポイント!!

大アルカナの審判は、1の「現在」のところに出ていますので、今が大きな決断の時期です。決断できさえすれば、あとは大丈夫です。

※5度前ルールとは
ハウスの境界線の5度手前以内にある天体は、星座が変わることがなければ次のハウスに入ると見なされるルール。

case 6 【運勢全般】 これからの人生の方向性

ケルト十字スプレッド
P126 へ

年齢的にも人生の転換点を迎えている自覚があり、これまでのキャリアを生かしてやっていくのか、もっと別のことをやっていった方がいいのか考えています。本当はもっと自由に動いて海外などにも行きたい自分もいます。（50代 女性）

Natal Chart
✦ ホロスコープ（出生図）から
その人の資質をチェックしよう!!

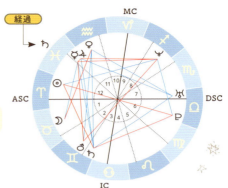

人生の方向性を示す太陽はおひつじ座にあって、**新しいことをひとりでも始めたい気持ちが強く**活動的です。その太陽がてんびん座にある冥王星と180度（オポジション）という緊張感のある角度になり、**ゼロか100かの勝負**になりがちです。**極端な思いつき**をするので、**不可抗力的な出来事**に遭いやすく、人生を軌道修正されることもままあるでしょう。現在の年齢域を示す木星は、うお座にあり、水星と共にほぼ12ハウスです。**スピリチュアル**な活動や、**精神世界**への暗示があります。

二要素	陽（男性性）		陰（女性性）	
四元素	火	風	水	地
活動	☉	♀ ♇		
固定	♆	♅		☽
柔軟	♅	♂ ♃	♀ ☿	

Celtic cross spread

3. 意識のあらわれ
【ワンド4／逆】

大アルカナ出現!!

5. 過去
【世界／逆】

2.KEY
【ワンド・ペイジ／逆】

1. 現在
【ソード7】

6. 近未来
【ワンド5／逆】

4. 潜在意識
【ワンド6】

10. 最終結果
【ペンタクル4／逆】

9. 望むもの恐れるもの
【魔術師／逆】

大アルカナ出現!!

8. 周囲から
どう思われているか
【カップ6／逆】

7. どのように
行動しようと思っているか
【ソード・ナイト】

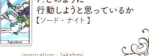
inspiration : lakshmi

READING

1. 現在 【ソード7】
何がいちばん無駄なく動けるのか様子をうかがっています。情報収集のため旅行へ行きたい気持ちもあります。

2. KEY　キーカードは最後に読んでみましょう

3. 意識のあらわれ 【ワンド4／逆】
熱い気持ちをうまく着地させて、楽しくやりたいと思っています。

> **✦ ここが気になる!! ホロスコープをチェック**
> ワンドは「火」のエレメントです。おひつじ座（火）の太陽とリンクし、人生の目的を意識しています。

4. 潜在意識 【ワンド6】
生きていくために、人に負けない技術を持っています。自分らしさを打ち出す方法はもう分かっていて、スマートなやり方を知っています。無謀なことはしないでしょう。

> **リーディングポイント!!**
> 3の「意識のあらわれ」と同じワンドで、「火」のサインのおひつじ座の太陽ともリンクしています。自分がやりたいと思っていることのテーマは揺らがないでしょう。

5. 過去 【世界／逆】
広い世界で視野を広げる経験をしましたが、それがメインストリームにはならなかったようです。

> **大 大アルカナ出現!! ホロスコープに注目**
> 世界は土星に対応。出生図ではコミュニケーションやバリエーションを広げていきたいふたご座に土星があります。土星は年齢と共に成熟する天体であるため、若いうちは、ふたご座を表現することが試練であったかもしれません。

6. 近未来 【ワンド5／逆】
本来持っているスマートさを失って、無理やりいろんなことをやろうとしていますが、一旦、混乱しないと何も生まれてこないことに気づくでしょう。

7. どのように行動しようと思っているか 【ソード・ナイト】
とりあえず口に出して言ってみる。周囲に宣言しようと思っています。

8. 周囲からどう思われているか 【カップ6／逆】
ピュアな人で、いつも未来を見つめていると思われています。

9. 望むもの恐れるもの 【魔術師／逆】
新しいことを始めず、現状を維持した方がいいのか、でもそれだと何も起こらないことの恐れがあります。

> **大 大アルカナ出現!! ホロスコープに注目**
> 魔術師は水星に対応。出生図のうお座の水星（技術）の近くには経過の土星（責任）が通過していたので、未来のことを固めたい気持ちが強くなっています。土星が完全におひつじ座に移動すると、違う展開がありそうです。

10. 最終結果 【ペンタクル4／逆】
今あるものを手放さない。これまでのキャリアを活かしていくことになります。

> **✦ ここが気になる!! ホロスコープをチェック**
> おうし座にある月は「地」の星座で、このペンタクル4（地）とリンクしています。安定した生活を優先しながら、今あることを続けていきます。

2. KEY 【ワンド・ペイジ／逆】
まだ何ができるのか分かりませんが、自身の表現力を磨くため、外国を含め、色々なところへ出かけてみるのがいいでしょう。

> **リーディングポイント!!**
> 全体的に大アルカナが正位置で出ていないときはまだタイミングではないと言えます。ただし、ゆくゆくはふたご座の土星のテーマである自己表現の仕事をしていく暗示があります。

case 7 終活
終活について

ケルト十字スプレッド
P126へ

「終活」にはまだちょっと早い年齢ではありますが、趣味で集めた物が家に膨大にあり、そろそろ処分しておいた方がいいでしょうか。（50代 男性）

Natal Chart
✦ ホロスコープ（出生図）から
その人の資質をチェックしよう!!

10天体中、太陽を含む4つの天体がてんびん座に集中していて、公平に誰とでも付き合う**コミュニケーション能力**が高く、仕事にも活かされているでしょう。一方、プライベートを示す月は、とことん突き詰めていくさそり座なので、趣味に対しても**こだわり**や**信念**を持っていると言えそうです。公の立場では**要らないものは要らない**とハッキリさせられますが、いざプライベートになると「水」のエレメントが動くので、**手放していくことに躊躇**や時間がかかることがあるでしょう。

※出生時間は不明。生まれた時の太陽が1ハウスにくる
ソーラーサインハウスシステムを使っています。

二要素	陽（男性性）		陰（女性性）	
四元素	火	風	水	地
活動		☉☿♃⚷		♂
固定			☽♆	♄
柔軟				♀♇

Celtic cross spread

5.過去
【ワンド9／逆】

1.現在
【ソード3／逆】

3.意識のあらわれ
【悪魔】

大アルカナ出現!!

大アルカナ出現!!

2.KEY
【運命の輪】

6.近未来
【ペンタクル6】

4.潜在意識
【カップ8／逆】

大アルカナ出現!!

10.最終結果
【戦車／逆】
大アルカナ出現!!

9.望むもの恐れるもの
【ペンタクル・エース／逆】

8.周囲から
どう思われているか
【愚者／逆】

大アルカナ出現!!

7.どのように
行動しようと思っているか
【女教皇／逆】

READING

1. 現在 【ソード3／逆】
要るものと要らないものを切り分けて減らそうと思っています。

> **ここが気になる!! ホロスコープをチェック**
> 太陽をはじめ、木星、天王星、水星が全て、てんびん座です。質問者は「風」のエレメントが強いキャラクターで、モノを流通して流れていた方がよいという価値観を持っています。

2. KEY　キーカードは最後に読んでみましょう

3. 意識のあらわれ 【悪魔】
片付けた方がいいのかな、と思いながらもまだ欲しいものがあり、執着しています。

> **大 大アルカナ出現!! ホロスコープに注目**
> 悪魔はやぎ座に対応。出生図ではやぎ座に火星があり、勢いがあります。その火星は私生活を示す月に60度、安定と調整機能を持つ土星にも120度の調和的な角度です。いい刺激が与えられてコレクションはやめられないでしょう。

4. 潜在意識 【カップ8／逆】
趣味で集めたものを処分するには諦めきれない思いがあります。

> **ここが気になる!! ホロスコープをチェック**
> 出生図のさそり座（水）の月と、カップ（水）は共鳴し合っています。固定宮のさそり座は、変化したくない、維持したいと思っています。

5. 過去 【ワンド9／逆】
過去にコレクションを処分したことがあり、その時の後悔があるようです。

> **ここが気になる!! ホロスコープをチェック**
> 出生図では、「火」のエレメントがないので、衝動的で慣れない行動をしてしまったと思っています。

6. 近未来 【ペンタクル6】
マニア心をくすぐるものがある限り、また増やしてしまいそうです。

7. どのように行動しようと思っているか 【女教皇／逆】
ジャッジがうまくできそうにないので、神頼みしようと思っています。

> **大 大アルカナ出現!! ホロスコープに注目**
> 女教皇は月に対応。実際処分するとなると感情的に揺れることは確かのようです。

8. 周囲からどう思われているか 【愚者／逆】
珍しいものや、目新しいもの、またマニアックなコレクションをしていると思われています。

> **大 大アルカナ出現!! ホロスコープに注目**
> 愚者は天王星に対応。出生図では、天王星（改革）と水星（知性）がコンジャンクション。意表をつく発想、革新的で新しいものを作り出す知性と才能の持ち主で、趣味が独特であるかもしれません。

9. 望むもの恐れるもの 【ペンタクル・エース／逆】
趣味のものを手に入れる喜びと、いつかは手放さなくてはならないだろうという恐れがあるようです。

10. 最終結果 【戦車／逆】
片づけるにせよ、すべてを急激にということにはならないでしょう。

> **大 大アルカナ出現!! ホロスコープに注目**
> 戦車はかに座（水）に対応。経過の火星が出生図のかに座を通過中で、さそり座（水）の月にも120度で調和しています。感情を示す「水」の要素の強まりがあり、愛着のあるものはゆっくり時間をかけて整理する、という形になっていきそうです。

2. KEY 【運命の輪】
無理なくやっていくには丁度よい時期がきています。

> **大 大アルカナ出現!! ホロスコープに注目**
> 運命の輪の対応天体は木星です。経過の木星がふたご座を通過中。質問者の出生図のてんびん座天体群と120度の調和的な角度（トライン）になっているので、バランスよく整理するにはいいタイミングが来ているようです。

あわてなくても大丈夫!!

case 1 推し活
どのように推し活していけばいいでしょうか

変形ケルト十字スプレッド（17枚引き）
P126 ～ 127 へ

推しが成長して結果を出していけるように、どんな形で応援していくのがよいでしょうか。（50代 女性）

Natal Chart
✨ **ホロスコープ（出生図）から その人の資質をチェックしよう!!**

人生の方向性を示す太陽は、かに座です。その支配星は月であることから**母性本能が強く、世話好き**な面がありますが、天王星（革新）が矛盾の90度で太陽に切り込んでいるため、かに座の「仲間意識」という価値観から一歩離れてクールに行動しているでしょう。その太陽は、人との関わりの中で自分を確かめる、対人関係の**7ハウス**にあり、自分**本来の生き方を推しに投影**することで、かに座の太陽を満足させていることが考えられます。**ミラクルと思えるような推しの存在**が生きがいとなるでしょう。

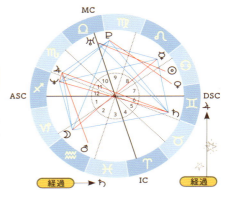

READING

1. 現在 【月／逆】
寝ても覚めても推し、無意識レベルで推し活をやってる状態、依存的であるかもしれません。

> 大 **大アルカナ出現!! ホロスコープに注目**
> 月のカードはうお座に対応。経過のうお座の土星が、かに座の太陽と調和し、家族や周囲の理解が得られています。

2. KEY キーカードは最後に読んでみましょう

3. 意識のあらわれ 【ワンド・ナイト／逆】
色々な所に観に行きたい!! エネルギーを燃やして突っ走りたいと思っています。

4. 潜在意識 【ペンタクル5／逆】
推しの存在は光であり、救いを求めていますが、自分のキャパを超えてお金がかかることに気付くかも。

5. 過去 【ソード9／逆】
夜も眠れないくらい好きで、辛い日々でした。またチケットが思うように取れず一喜一憂していました。

6. 近未来 【ペンタクル・クィーン／逆】
母親目線でこれからも成長を見守っていきますが、経済的に無理をしてしまいそうです。

7. どのように行動しようと思っているか 【ペンタクル・ナイト／逆】
出会えるタイミングを探して出待ちしたいけれど、自分の生活のリズムが苦しくなるのではと感じています。

8. 周囲からどう思われているか 【カップ9／逆】
楽しそうだと思われていますが、好きなことにお金をかけられる、また浪費しているとも思われています。

9. 望むもの恐れるもの 【恋人たち／逆】
推しがいつまでも身近な存在なのはうれしいけれど、人気者になって遠い存在になってしまうのは少し寂しいという恐れも。

> 大 **大アルカナ出現!! ホロスコープに注目**
> 恋人たちはふたご座に対応。経過の木星はふたご座のディセンダントを通過しようとしています。質問者にとって、色々な人が現れる時期になるので、他に目移りしてしまうような葛藤があります。

Celtic cross spread 17

3. 意識のあらわれ
【ワンド・ナイト／逆】

10. 最終結果
【ソード4／逆】

17. 質問者と
相手との関係性
【ワンド・エース】

16. 相手の最終結果
【ソード・キング】

5. 過去
【ソード9／逆】

1. 現在
【月／逆】

6. 近未来
【ペンタクル・
クィーン／逆】

9. 望むもの恐れるもの
【恋人たち／逆】

15. 相手の望むもの恐れるもの
【カップ7】

大アルカナ出現!!

12. 相手の近未来
【ペンタクル3／逆】

大アルカナ出現!!

2. KEY
【ソード・クィーン】

8. 周囲からどう思われて
いるか【カップ9／逆】

11. 相手のKEY
【ソード・ペイジ／逆】

14. 相手は周囲からどう
思われているか【ワンド8】

4. 潜在意識
【ペンタクル5／逆】

7. どのように行動しようと思っているか
【ペンタクル・ナイト／逆】

13. 相手はどのように
行動しようと思っているか
【ペンタクル 8／逆】

---

10. 最終結果 【ソード4／逆】
のめり込む気持ちを一旦抑えて推しを観ることで、新しい魅力を発見できそう。そこを応援することが、推しをさらに成長させることになるでしょう。

11. 相手（推し）のKEY 【ソード・ペイジ／逆】
推しのちょっとキャラ変えしたクールな面を見て、質問者は意外な発見をしたと思うかも。

12. 相手（推し）の近未来 【ペンタクル3／逆】
推しは、今までの役割とは違う立場で見出されそう。それが新しい魅力につながっていきそうです。

13. 相手（推し）はどのように行動しようと思っているか 【ペンタクル8／逆】
そうは言っても推しは、今のままの路線でいくと思っているので、それ以外の芸を磨くことは考えていません。

14. 相手（推し）は周囲にどう思われているか 【ワンド8】
いつでも新鮮で、はっ！ とさせられる明るさと華があり、元気のいいキャラだと思われています。

15. 相手（推し）側の望むもの恐れるもの 【カップ7】
推しは、色々な芸をこなすことに憧れはあるけれど、それをこなしきれるかどうか不安があるようです。

16. 相手（推し）の最終結果 【ソード・キング】
悔しい、悲しいという感情に左右されず、どんなことでもひたすら、仕事をこなしていく決意を表しています。明るいキャラからクール（冷徹）な雰囲気のある仕事でブレイクするかもしれません。

17. 質問者と相手（推し）との関係性 【ワンド・エース】
質問者は推しに対して、いつでも新鮮な気持ちと真っ直ぐな眼差しで応援し、推しはどんな仕事でも野心的に挑んでいこうとしています。お互いの共通点は「情熱」を持ち、いつでも熱い人でいることでしょう。

▶ 2. KEY 【ソード・クィーン】
質問者は、気持ちに距離を置くとか、自分の推し活を客観視することで、もっと楽に応援ができるようになりそうです。

case 2　**夫婦**

夫に仕事を反対されています

変形ケルト十字スプレッド（17枚引き）
P126～127へ

在宅で仕事をしています。乳幼児と小さい子供がいて働くことを夫に反対されています。このまま働きたいと思っていますが、どうしたらいいでしょうか。
（40代 女性）

Natal Chart
**ホロスコープ（出生図）から
その人の資質をチェックしよう!!**

人生の方向性を示す太陽はみずがめ座にあって、**自主独立**を示す天王星とスクエアをなす矛盾のある配置になっています。**個性的な仕事で組織に属さない方が向いている**のですが、まったく**新しいスタイルの仕事を要求される**ことが多いので、落としどころを見つけるには少し時間がかかるかもしれません。また私生活を表す月は、てんびん座にあって家庭を象徴する4ハウスにあります。在宅ワークで社会と関わることがいちばん落ち着く生き方でしょう。

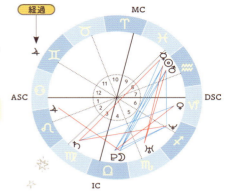

READING

1. 現在 【カップ・ペイジ】
子どもはかわいいし、大事ですが、それと同じくらい今の仕事も純粋に好き、という気持ちが表れています。

2. KEY　キーカードは最後に読んでみましょう

3. 意識のあらわれ 【カップ2／逆】
夫とは100％理解し合えないのはある意味しょうがないので落としどころを見つけたいと思っています。

4. 潜在意識 【カップ8／逆】
お金のためだけにやりたいわけではなく、今までも他人の都合で諦めたことがあり、再出発を図りたいと思っています。

5. 過去 【ワンド・エース／逆】
働きたいのになかなか自分に合ったところで動けなかったり、無理をし過ぎたこともあったかもしれません。

6. 近未来 【カップ4／逆】
日常生活の方を優先してゆっくり過ごしたり、あまりガツガツ働かないことで夫からのクレームをうまくやり過ごせるでしょう。

**7. どのように行動しようと思っているか
【恋人たち／逆】**
夫に理解してもらいにくい業種のようですが、好きな仕事は楽しみたいと思っています。

> **大** 大アルカナ出現!! ホロスコープに注目
> 恋人たちはふたご座に対応。ふたご座（風）を通過中の木星と、出生図のみずがめ座（風）の太陽と、てんびん座（風）の月で、「風」のグランドトラインを形成しています。運気拡大の後押しがあるので、その流れに乗りたいと思っているでしょう。

8. 周囲からどう思われているか 【ソード8／逆】
夫からは、仕事に関して視野が狭く、客観的に状況把握できていないと思われているようです。

9. 望むもの恐れるもの 【ペンタクル6／逆】
夫の要求には応えたくないが、でもそんな態度は良くないのかな……と思っています。

154

Celtic cross spread 17

3. 意識のあらわれ
【カップ2／逆】

10. 最終結果
【ワンド2／逆】

17. 質問者と
相手との関係性
【ワンド10】

16. 相手の最終結果
【ソード5】

1. 現在
【カップ・ペイジ】

6. 近未来
【カップ4／逆】

9. 望むもの恐れるもの
【ペンタクル6／逆】

15. 相手の望むもの恐れるもの
【ワンド・ナイト】

12. 相手の近未来
【ソード7／逆】

5. 過去
【ワンド・エース／逆】

2. KEY
【ワンド6】

8. 周囲からどう思われて
いるか【ソード8／逆】

14. 相手は周囲からどう
思われているか【ワンド5】

11. 相手のKEY
【ソード6】

4. 潜在意識
【カップ8／逆】

大アルカナ出現!!

7. どのように行動しようと思っているか
【恋人たち／逆】

13. 相手はどのように
行動しようと思っているか
【ペンタクル7】

inspiration : lakshmi

10. 最終結果 【ワンド2／逆】
自分の仕事ばかりするのではなく、夫に頼まれたことも仕事として受けもち、ふたつのことをして目先のことをかわしていくことになるでしょう。

11. 相手(夫)のKEY 【ソード6】
夫はもう少し、彼女の仕事に対する気持ちを理解することがキーとなります。

12. 相手(夫)の近未来 【ソード7／逆】
夫は疑い深く様子を見ています。本当にその気があるのか疑問に思っているようです。

13. 相手(夫)はどのように行動しようと
思っているか 【ペンタクル7】
夫の方も仕事と子育てと、具体的にどう割り振ったらいいのか悩んでいます。

14. 相手(夫)は周囲にどう思われているか
【ワンド5】
夫はとても忙しくバタバタした状況を抱えています。

15. 相手(夫)側の望むもの恐れるもの
【ワンド・ナイト】
夫も仕事で忙しい毎日。帰宅したのなら、すべてシンプルでいたい。やらなくていいことは放ってしまいたいが、そういうわけにもいかないと思っています。

16. 相手(夫)の最終結果 【ソード5】
無理して頑張っている彼女に、しょうがないので譲歩するでしょう。

17. 質問者と相手(夫)との関係性 【ワンド10】
お互いに大変な状況は分かっているけれど、求めるものが多く、プレッシャーを与え合っています。

▶ 2. KEY 【ワンド6】
今、すべてを完璧にやろうと思っていて、成功を求め過ぎているようです。

リーディングポイント!!
大アルカナは本人側の7番目にただ一枚出ているだけです。本人の意思は夫に何を言われようと強いということが分かります。

Chapter 4 タロットとホロスコープを読むための実践リーディング

155

case 3 パートナー
生涯のパートナーはどんな方？

変形ケルト十字スプレッド（17枚引き）
P126～127へ

今年に入って離婚しました。再婚の可能性はありますか？　その場合、本当のパートナーとはどんな人でしょうか？（30代 女性）

Natal Chart
★ ホロスコープ（出生図）から
　その人の資質をチェックしよう！！

パートナー（配偶者）を表す太陽はおとめ座にあって**完璧主義で堅実派、少し保守的**ですが、金星と火星がコンジャンクションして賑やかな人であるようです。妻である質問者を示す月は、マルチなふたご座で仕事の10ハウスにあります。**結婚しても専門性のある職を持ち、働くでしょう**。ただ、太陽とは矛盾の90度で、パートナーとは考え方が違うこともありますが、家庭を示す4ハウスに改革の天王星があり、**時代を先取りする新しいタイプの家庭**を築いていくでしょう。

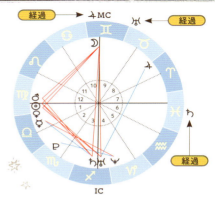

二要素	陽（男性性）		陰（女性性）	
四元素	火	風	水	地
活動	♃	☿		♆
固定			♇	
柔軟	♄♅	☽		☉♀♂

READING

1. 現在 【ペンタクル・キング】
結婚生活は経済的な安定が重要だと思っています。

★ ここが気になる！！ホロスコープをチェック
人生の方向性を示す太陽は、ペンタクルとリンクするおとめ座で質問者を象徴しています。2−8ハウスに大きな天体があり、なんらかの形でお金が入ってきやすいようです。

2. KEY　キーカードは最後に読んでみましょう

3. 意識のあらわれ 【カップ・ナイト／逆】
ロマンティックで優しくて、恋愛上手な人と出会いたいという憧れに近いものを抱いています。

4. 潜在意識 【ペンタクル9／逆】
女性としての満足と、リッチで優雅な気分でいられる、そんなパートナーとの生活を求めています。

5. 過去 【運命の輪】
離婚は運命の好転を表し、これからの新しい生活に向けてステージが変わったことを示しています。

大 大アルカナ出現!! ホロスコープに注目
運命の輪は木星に対応。経過の木星はMCを通過し、10ハウスのふたご座の月の上にいます。大きな仕事にも恵まれ、仕事を通じて相手とすれちがっているかもしれません。

6. 近未来 【カップ3】
食事やお酒を囲んで楽しく和気あいあい、共感し合える仲間として出会いがありそうです。

7. どのように行動しようと思っているか 【ペンタクル・ペイジ】
少しずつ相手のことを知りながら、段階を踏んでいこうと思っています。

8. 周囲からどう思われているか 【カップ・クィーン】
女性的で優しくて優雅、アーティスティックな人だと思われています。

9. 望むもの恐れるもの 【ペンタクル6】
積極的に出会いを求めているように思われたくないプライドもあります。

10. 最終結果 【カップ・ペイジ／逆】
受け身でいられて、可愛がってもらえるようなパートナーです。

Celtic cross spread 17

3. 意識のあらわれ 【カップ・ナイト／逆】
1. 現在 【ペンタクル・キング】
6. 近未来 【カップ3】
5. 過去 【運命の輪】
2. KEY 【愚者／逆】
4. 潜在意識 【ペンタクル9／逆】
大アルカナ出現!! 大アルカナ出現!!

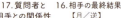

10. 最終結果 【カップ・ペイジ／逆】
17. 質問者と相手との関係性 【星】
16. 相手の最終結果 【月／逆】
9. 望むもの恐れるもの 【ペンタクル6】
15. 相手の望むもの恐れるもの 【審判／逆】
12. 相手の近未来 【ペンタクル3】
8. 周囲からどう思われているか 【カップ・クィーン】
11. 相手のKEY 【ソード9／逆】
14. 相手は周囲からどう思われているか 【隠者】
7. どのように行動しようと思っているか 【ペンタクル・ペイジ】
13. 相手はどのように行動しようと思っているか 【ソード5】
大アルカナ出現!!（複数箇所）

---

11. 相手のKEY 【ソード9／逆】
質問者とのコミュニケーションに悩み、考えています。

✦ ここが気になる!! ホロスコープをチェック
質問者のふたご座（風）の月は合理的、ロジック思考です。その鋭さに相手は悩むかもしれません。

12. 相手の近未来 【ペンタクル3】
真面目に結婚を考えて出会いを求めています。

13. 相手はどのように行動しようと思っているか 【ソード5】
失敗したくないのでよく考えています。

14. 相手は周囲にどう思われているか 【隠者】
インテリジェンスで落ち着いた雰囲気のある人です。質問者より、だいぶ年が上かもしれません。

大 大アルカナ出現!! ホロスコープに注目
隠者はおとめ座に対応。質問者の太陽はおとめ座なので、パートナーのキャタクターは質問者に違和感なくマッチするでしょう。

15. 相手側の望むもの恐れるもの 【審判／逆】
一緒に生きていくことを決断したいけれど、失敗を繰り返したくないと思っています。

大 大アルカナ出現!! ホロスコープに注目
審判は究極という意味を持つ冥王星に対応。パートナーは唯一無二の人を求めています。

16. 相手の最終結果 【月／逆】
悩みながら前に進んでいこうとするでしょう。

大 大アルカナ出現!! ホロスコープに注目
月はうお座に対応。うお座を通過中の経過の土星は太陽、月、土星、天王星のTスクエアと柔軟宮のグランドクロスを形成。具体的なことはハッキリしませんが調整しながら進むでしょう。

17. 質問者と相手との関係性 【星】
お互い理想が高く、誰もが羨む爽やかカップルです。

大 大アルカナ出現!! ホロスコープに注目
星はみずがめ座に対応、支配星の天王星は家庭の4ハウスにあり、新しい時代の夫婦のあり方が問われそう。

2. KEY 【愚者／逆】
計画的ではなく、気ままな感じがいいでしょう。

大 大アルカナ出現!! ホロスコープに注目
愚者は天王星に対応。経過の天王星は、おとめ座の太陽と金星と調和的。一目惚れ、突然の出会いなどを予感させます。

Chapter 4 実践リーディング　タロットとホロスコープを読むための

157

case 4 **結婚・仕事**

嫁ぎ先での仕事はどうなるでしょうか

変形ケルト十字スプレッド（17枚引き）
P126～127 へ

地方の家業のある家に嫁ぎます。新しい環境で今までどおり看護師を続けるか、環境に合わせて仕事を変えた方がいいのか考えています。家業は水産業でシーズンは秋から春にかけてです。（50代 女性）

Natal Chart

✦ ホロスコープ（出生図）から
  その人の資質をチェックしよう!!

人生の方向性を表す太陽は、さそり座にあって**深い共感**や**周囲との一体感**を示しています。その太陽は12ハウスにあって**奉仕と犠牲**がテーマになっています。家庭生活を表す月は、ほぼ6ハウス（労働）にあり、家庭生活と仕事を別物としては考えにくいでしょう。しかしその月は天王星（改革）との180度のオポジションのアスペクトを持っていて**独立心旺盛**であり、キャラクターは**個性的**です。家業に奉仕しながら、プライベートでも**社会的な活動**を持つことになるでしょう。

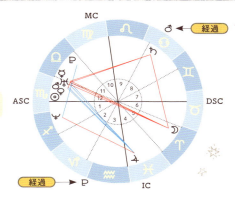

READING

1. 現在 【月／逆】
自立できる仕事を持っていますが、将来についてはまだ不安です。

> **大アルカナ出現!! ホロスコープに注目**
> 月のカードはうお座に対応。うお座は12ハウスが所定のハウスになり、太陽をはじめその12ハウスに天体が集中。忍耐や奉仕がテーマになるでしょう。

2. KEY キーカードは最後に読んでみましょう

3. 意識のあらわれ 【ワンド・クィーン／逆】
自分が主体にならず、周囲の期待に応えるスタイルを取ったほうが良いかなと思っています。

4. 潜在意識 【ソード・ナイト／逆】
手に職があり、時間的にも柔軟な働き方ができるので、婚家の要請には応えられます。

5. 過去 【ワンド8】
今までも突発的な状況に応えてきました。

> ✦ **ここが気になる!! ホロスコープをチェック**
> おひつじ座の月とワンドは「火」の要素同士リンクしていて、スピーディーにものごとをこなすことができます。

6. 近未来 【ペンタクル・ナイト】
メインを張る仕事ではなく、ヘルプのような形で働いているでしょう。

7. どのように行動しようと思っているか 【女教皇】
自分の理想の仕事は別にあって、その仕事ならば婚家の期待に沿えるようです。

> **大アルカナ出現!! ホロスコープに注目**
> 女教皇は月に対応、おひつじ座の月を指します。組織に属さず個人で動けるような、そしてインスピレーションを駆使するような仕事をしていきたいと思っています。

8. 周囲からどう思われているか 【ソード・クィーン／逆】
資格を持ってきっちり働いている女性なので、周囲の事情にあまり心を寄せてくれないのではないかと思われています。

9. 望むもの恐れるもの 【カップ・キング／逆】
周囲の気持ちを汲んであげたほうが良いかなと思うけど、それは過剰な思いやりなのではないかとも思っています。

10. 最終結果 【ペンタクル8／逆】
あまり技術の要る仕事ではないところで働いています。メインは家業で、それに合わせた形でしょう。ただし流

Celtic cross spread 17

- 3. 意識のあらわれ 【ワンド・クィーン／逆】
- 10. 最終結果 【ペンタクル8／逆】
- 17. 質問者と相手との関係性 【ソード3】
- 16. 相手の最終結果 【ペンタクル3】
- 5. 過去 【ワンド8】
- 1. 現在 【月／逆】
- 6. 近未来 【ペンタクル・ナイト】
- 9. 望むもの恐れるもの 【カップ・キング／逆】
- 15. 相手の望むもの恐れるもの 【ソード4／逆】
- 12. 相手の近未来 【皇帝】
- 2. KEY 【死神】
- 8. 周囲からどう思われているか 【ソード・クィーン／逆】
- 14. 相手は周囲からどう思われているか 【ペンタクル6／逆】
- 大アルカナ出現!!
- 4. 潜在意識 【ソード・ナイト／逆】
- 7. どのように行動しようと思っているか 【女教皇】
- 11. 相手のKEY 【隠者／逆】
- 13. 相手はどのように行動しようと思っているか 【ワンド・ナイト】

inspiration : lakshmi

動的で、あまり長期的ではありません。

11. 相手(嫁ぎ先)のKEY 【隠者／逆】
過去に家族が手伝うことで問題が起きたことがありました。

大アルカナ出現!! ホロスコープに注目
隠者はおとめ座に対応、支配星は水星。水星は土星と月とTスクエアを形成していて、決め事やルールなどの点で対立があったかもしれません。

12. 相手(嫁ぎ先)の近未来 【皇帝】
家業が忙しくなり、かき入れ時です。組織が大きくてやるべきことが決まっているでしょう。

大アルカナ出現!! ホロスコープに注目
皇帝はおひつじ座に対応し、支配星は火星です。経過の火星はかに座を通過中で、出生図のさそり座の天体群と、うお座の木星とで「水」のグランドトラインを形成しています。安定した大きな流れがうかがえます。

13. 相手(嫁ぎ先)はどのように行動しようと思っているか 【ワンド・ナイト】
バタバタしていて猫の手も借りたい状態です。

14. 相手(嫁ぎ先)は周囲にどう思われているか 【ペンタクル6／逆】
嫁ぎ先の家業は人手不足だと思われています。

15. 相手(嫁ぎ先)の望むもの恐れるもの 【ソード4／逆】
動きを止めずに活動しないと、技術が継承できないのではないかという恐れがあるようです。

16. 相手(嫁ぎ先)の最終結果 【ペンタクル3】
家族総出で役割分担をしながら効率よく働いています。

17. 質問者と相手(嫁ぎ先)との関係性 【ソード3】
意思の疎通があまりできていません。本音を言い合うと傷つけてしまうのではとお互い思っているようです。

2. KEY 【死神】
自主的に決断するのではなく、周囲の状況に合わせ、決めていくことになるでしょう。

大アルカナ出現!! ホロスコープに注目
死神は冥王星に対応。経過の冥王星(変容)は、みずがめ座に入り、出生図のさそり座の太陽と矛盾のスクエアを形成。未来像が大きく変わる時期ですが、今までやってきたことを一旦終了することにもなりそうです。

リーディングポイント!!
出生図では「地」のエレメントをひとつも持っていませんので、タロットで「地」や「ペンタクル」のカードが出た箇所は持っていない武器を使うことになり、気合いを入れて頑張ることになるでしょう。

case 5 恋愛

彼は私のことをどう思っているのでしょうか

変形ケルト十字スプレッド（17枚引き）
P126～127へ

バイト先で知り合った人と恋人関係になりましたが、ほどなくして振られました。しかし、その後も食事に誘ってきたり、連絡も頻繁にきます。彼は私のことをどう思っているのでしょうか。また、彼とは今後つきあえるのでしょうか。（30代 女性）

Natal Chart
ホロスコープ（出生図）から その人の資質をチェックしよう!!

質問者の恋愛傾向を示す金星はいて座にあり、感情を表す月とコンジャンクションし、とても**素直でおおらかな愛情表現**の持ち主です。好みの男性傾向を表す火星はおひつじ座にあり、まっすぐで熱い男性がタイプのようです。金星と火星が「火」の星座なので、**情熱的でスピード感のある恋愛傾向**です。一方、彼の金星はかに座で「水」の星座です。質問者からすると、言葉の裏を読んだり、じらされたりということが理解しにくく、お互い努力のいる相性です。

二人のホロスコープを重ね合わせたものを「シナストリー」と言います。内側は質問者のホロスコープ、外側は彼のホロスコープになります。

READING

1. 現在 【ソード・エース／逆】
対策を立てられない状況です。何か変なことを言ってしまったかなあと思っています。

2. KEY キーカードは最後に読んでみましょう

3. 意識のあらわれ 【力／逆】
彼に振り回されてもしょうがない、そういう状況でもいっしょに居られることが望みだと思っています。

> **大アルカナ出現!! ホロスコープに注目**
> 力のカードはしし座に対応し、それは彼の太陽の星座です。彼の存在の影響が大きいことを示しています。

4. 潜在意識 【カップ・ナイト】
この人だったら好きでいられる、愛を伝え合う相性です。ただ、質問者はカップで表される「水」のサインをあまり持っていないので、自分の強みを分かってもらいにくいかもしれません。

5. 過去 【カップ・クィーン／逆】
甘え方がよく分からず、優しさがうまく伝えられなかったようです。

6. 近未来 【法王／逆】
彼の気持ちが信じられず、騙されたような気分になるかもしれません。

> **大アルカナ出現!! ホロスコープに注目**
> 法王はおうし座に対応。家庭を示す4ハウスがおうし座ですが、カードの出方は逆位置なので、家庭への価値観の違いがありそうです。

7. どのように行動しようと思っているか 【悪魔／逆】
彼への執着から解放されたいと思っています。

> **大アルカナ出現!! ホロスコープに注目**
> 悪魔はやぎ座に対応。女性のホロスコープでは結婚相手を太陽で見ることがあります。質問者の太陽がやぎ座にあり、彼の存在はとても大きいですが、結婚相手としては違うタイプとして割り切ろうとしているかもしれません。

Celtic cross spread 17

3. 意識のあらわれ 【力／逆】
大アルカナ出現!!
10. 最終結果 【世界／逆】
17. 質問者と相手との関係性 【カップ・エース】
16. 相手の最終結果 【魔術師】
大アルカナ出現!!
大アルカナ出現!!

1. 現在 【ソード・エース／逆】
6. 近未来 【法王／逆】
9. 望むもの恐れるもの 【カップ9／逆】
15. 相手の望むもの恐れるもの 【正義／逆】
大アルカナ出現!!
12. 相手の近未来 【節制／逆】

5. 過去 【カップ・クィーン／逆】
2. KEY 【吊るされた男／逆】
8. 周囲からどう思われているか 【太陽】
11. 相手のKEY 【戦車／逆】
14. 相手は周囲からどう思われているか 【ペンタクル9】
大アルカナ出現!!

4. 潜在意識 【カップ・ナイト】
大アルカナ出現!!
7. どのように行動しようと思っているか 【悪魔／逆】
13. 相手はどのように行動しようと思っているか 【ペンタクル5／逆】

inspiration : lakshmi

8. 周囲からどう思われているか 【太陽】
彼は、質問者のことを魅力的でかわいい人で、年齢より若々しいと思っています。

9. 望むもの恐れるもの 【カップ9／逆】
適当なところで満足しておいて、彼にあまり求めない方がいいのかなと思いつつ、でも好きな気持ちはしっかりあるという矛盾があります。

10. 最終結果 【世界／逆】
結論が出せず、同じことを繰り返してしまいそうです。

> **大アルカナ出現!! ホロスコープに注目**
> 世界は土星に対応。経過のうお座の土星が質問者のいて座の月にスクエアです。本来の自由で明るい質問者のキャラクターがネガティブになってしまうこともあるでしょう。

11. 相手(彼)のKEY 【戦車／逆】
生活が忙しく心が落ち着かない、カチンと来ることがあっても自分でそれが何なのか分析できないでいます。

> **大アルカナ出現!! ホロスコープに注目**
> 戦車はかに座に対応。彼の出生図の月と金星もかに座(水)です。甘えたい(金星)し、気持ち(月)を分かってほしいと思っているようです。

12. 相手(彼)の近未来 【節制／逆】
彼は質問者の気持ちが見えず、自分を分かってくれるとは思えなくなるようです。

> **大アルカナ出現!! ホロスコープに注目**
> 節制はいて座に対応。質問者の感情を示す月を指しています。彼のかに座の月は一歩引いた情緒的なものに反応しますが、質問者の気持ちをストレートに表現する価値観が理解しにくいと思っているようです。

13. 相手(彼)はどのように行動しようと思っているか 【ペンタクル5／逆】
自分に自信が持てないので不安定です。その不安定さを解消できるように動こうとしています。

次のページへ

case 5 彼は私のことをどう思っているのでしょうか

14. 相手(彼)は周囲にどう思われているか 【ペンタクル9】
女性の影があるように見え、付き合ってる感はないけど、寂しいと関わってしまいそうと思われています。

15. 相手(彼)の望むもの恐れるもの 【正義/逆】
仕事が煮詰まっていてプライベートがきちんとできていない。新たなスタートを切りたいけど、質問者と関係が切れてしまうのも怖い、と思っています。

> **大 大アルカナ出現!! ホロスコープに注目**
> 正義はてんびん座に対応。彼の出生図ではガッツの火星がてんびん座にあります。その火星を質問者のやぎ座の土星と天王星が90度でプレッシャーをかけていて、頑張りたいけど頑張れない、という形になっています。

16. 相手(彼)側の最終結果 【魔術師】
新しい環境をスタートさせるでしょう。

> **大 大アルカナ出現!! ホロスコープに注目**
> 魔術師は水星に対応。彼のしし座の水星に経過のみずがめ座の冥王星が真向かいにオポジションしています。新しい環境と共にコミュニケーションの取り方も変化していきそうです。

17. 質問者と相手(彼)側との関係性 【カップ・エース】
お互いに相手のことが好きなのに、想いが違います。彼は寂しいと連絡をとってしまう人ですが、付き合うとなると、心がズレてしまっているようです。

▶ 2. KEY 【吊るされた男/逆】
彼の感情のアップダウンに合わせるか、自分の思い通りにならない相手だと納得するか、視点を変えてみると気付きがありそうです。

> **大 大アルカナ出現!! ホロスコープに注目**
> 吊るされた男は海王星に対応。経過の海王星はうお座(水)を通過中、質問者の出生図の月(火)とは矛盾する角度のスクエアで、不慣れなものを扱う難しさに直面しています。

リーディングポイント!!
お互いのコミュニケーションを続けたいという想いは強いと見ることが出来ますが、その想いの質の違いでギクシャクし、また経過の時期的なものが重なることで苦しさが続いています。

二重円(ダブルチャート)について

　ふたつのホロスコープを重ね合わせ、互いの天体の配置やアスペクトで関係性を見るという方法があります。占いたい相手の出生図と、自分の出生図を重ね**相性を見る「シナストリー」**や、今、運行中の天体のホロスコープと、自分の出生図を重ね合わせる「経過図(トランジットチャート)」もそのひとつです。

　このようにホロスコープを重ねたものを二重円、またはダブルチャートといいます。

　「シナストリー」を見るときに自分の出生時間は分かっていても、相手の出生時間が分からないことはよくあることです。その場合は仮に12時(正午)でホロスコープを作り、相手の月のアスペクトのオーブを広めにとる、また、相手の月が星座をまたがる可能性がないときは星座間で見るなど、慎重に読む必要はあるでしょう。このように時間が分からない場合は、ハウスを用いたリーディングはできませんが、天体同士のアスペクトによるリーディングは可能になります。鑑定士によってリーディング方法は多岐にわたりますが、この実例のようにタロットをコンビネーションで使うこともひとつの手となるでしょう。

「シナストリー」で気になるあの人との関係を見てみよう

「シナストリー」は恋愛や夫婦関係に限らず、友達同士や仕事仲間、親子関係、好きなアーティスト、その日の運勢なども見ることができます。どんな点で共鳴し、関係を作っているのか、もちろんお互いの出生図を確認しながら、それぞれの星の配置をチェックします。10天体×10天体同士を合わせると、合う部分も合わない部分もでてきますが、一喜一憂することなく、その関係を知ってよりよいものにすることが大切です。

アスペクト

☌	コンジャンクション	✳/△	セクスタイル トライン	□	スクエア	☍	オポジション
強力に引き合う		調和的		衝突と成長		意識し合う	

個人天体同士や、個人天体にアスペクトした時の意味

個人天体

☉ 太陽	人生の方向性、価値感、理想とするものの相性。	♀ 金星	恋愛傾向、趣味嗜好、楽しみ方、金銭感覚の相性。
☽ 月	プライベート、日常生活、情緒面、心地良いものとの相性。	♂ 火星	本能的な欲求、性的な相性、やる気、モチベーション、エネルギー度、ケンカの仕方。
☿ 水星	コミュニケーションの取り方、ものごとの進め方、考え方などの相性。		

社会天体

♃ 木星 個人天体と木星	保護、支援、発展、引き立てなど相手に幸運をもたらす相性。マイナスに働いた場合、甘やかし、過保護になることも。	♄ 土星 個人天体と土星	プレッシャー、試練、ハードル、課題を与えてくる存在、苦手な相性。指導者、師匠的存在になることも。

時代天体

♅ 天王星 個人天体と天王星	刺激的、面白い、改革を促してくる存在、何事も突っぱねてくることも。	♆ 海王星 個人天体と海王星	夢や陶酔の世界に誘ってくる相手、酔わせられる、(アートや音楽など) 依存関係になることも。	♇ 冥王星 個人天体と冥王星	唯一無二、なくてはならない存在、威圧的、強制的、強迫、心身を支配されることも。

case 1　運勢全般
人生の展望について

ホロスコープスプレッド
P128 〜 129 へ

人生の節目になるようなできごとが色々起きている気がします。残りの人生の展望が知りたいです。また、できるだけ長生きしたいので、それについてもお願いします。（50代 男性）

Natal Chart
ホロスコープ（出生図）からその人の資質をチェックしよう!!

人生の方向性を示す太陽は、老年期を象徴する土星とコンジャンクションしていて、若い頃から目指しているものは年を取っても変わらないでしょう。その太陽は、かに座にあって身近な人たちと**気持ちを通じ合わせ**ていきたいと思っています。私生活や感情面を示す月は、**太陽と同じ「水」の星座にあり調和**しています。長寿を実現するために**精神的な落ち着きを保てるでしょう**。ただ、**6ハウス**（仕事、健康）にある**冥王星**（限界）が行き過ぎてしまう傾向があり、**極端な働き方**には注意が必要かもしれません。

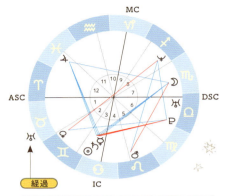

READING

1H（ハウス）：今の自分　【カップ7】
家族や仲間とつながっていくために、（4、11ハウスが同エレメントのカップ）悲しみ、祈り、喜び、様々なあふれ出る感情をどこに、何に注いでいったらいいか、それを探求することが人生のテーマとなります。

2ハウス：金運　物質運　【ワンド7】
ワンドのガッツが金運と結びつきます。常に活動的であることが大事です。

3ハウス：コミュニケーション　【女帝】
発信することが豊かさを呼びます。

> **大アルカナ出現!! ホロスコープに注目**
> 女帝は金星に対応。出生図の金星は2ハウス（金運）にあり、自己表現、自分の才能を活かすことが成功につながります。

4ハウス：家　家族　【カップ10／逆】
4ハウスは家を表すと同時に老後やお墓などを示します。老後は心豊かに過ごせるでしょう。端から見ると閉鎖的で情に流されやすいように見えますが、かに座（身内）の太陽的には満足です。

5ハウス：恋愛　娯楽　【星】
5ハウスは子供について示唆することがあります。子供の存在が未来を作っていくと考えます。子供に自分の理想を託すことになるでしょう。

> **大アルカナ出現!! ホロスコープに注目**
> 星のカードはみずがめ座に対応、その支配星は天王星です。経過の天王星は、現在おうし座を通過中。出生図のさそり座の月に180度（オポジション）で向き合う形になっています。子供に託そうと思っているものの内容が、時代の流れに即した新しいものになるでしょう。

6ハウス：健康　労働　【愚者】
ひとりで自由を満喫することが健康管理のキモになります。

> **大アルカナ出現!! ホロスコープに注目**
> 愚者は天王星に対応。5ハウスの項で述べたことと同じように、子供に受け継がせるものを意識して生活することが大事です。

inspiration : lakshmi

7ハウス：対人関係　【ペンタクル10】
家族、一族の人間関係に恵まれます。その関係性は安定し、富を築き繁栄するでしょう。

8ハウス：遺産　死　【ソード6】
8ハウスは遺産のハウスと言われていますが、古典的には「死に方」も表します。ソード6は「移動」を意味するカードでもあり、出先での死、すなわち直前まで元気で動いていることが考えられます。死因としては呼吸器、神経系等の疾患の可能性が挙げられます。

9ハウス：旅行　勉強　【ソード7】
色々な場所に出向くことが精神的な成長につながります。勉強、探求には終わりがなく、どこまでも道を求める人でしょう。

10ハウス：仕事　【ペンタクル・ペイジ】
10ハウスは職業運だけではなく、人生の到達地点なども表します。動物の世話や植物の手入れなどをして、田舎でのんびりと暮らしている姿が見えてきます。

11ハウス：友人　未来　【カップ・ナイト】
お仲間は高尚で理想を求めて旅する人たち、その人たちと一緒に未来を築いていくでしょう。

12ハウス：見えない世界　【カップ5／逆】
過去の行動に対する後悔と、裏切りへの遺恨が心の奥底にあるようです。そこに対して割り切るかどうかで、仲間の質が変わっていきそうです。

13：KEY　【ペンタクル・エース】
目に見えないものをなんらかの形で具現化することを意識しましょう。形のない感情をため込むと、それがストレスになって健康を阻害しやすいです。また、単独行動を心がけることも長生きの秘訣になります。

case 2 恋愛・結婚
恋愛も結婚もしたいです

ホロスコープスプレッド
P128～129 へ

母の看病と、コロナ禍で外に出ることもなくなり、出会いがありません。恋愛も結婚もしたいと思いますが、どのように行動したらいいでしょうか。
（40代 女性）

Natal Chart
✨ ホロスコープ（出生図）から
その人の資質をチェックしよう!!

恋愛傾向を示す金星が火星とコンジャンクションし、恋愛運はそもそも悪くありません。天王星が真向いにあり、**一目惚れ**や**電撃的な出会い**もあるでしょう。また結婚相手を示すふたご座の太陽は、海王星と向き合い、好奇心旺盛な寛大な人であるようです。結婚を示す7ハウス近くには天王星があり、**規制概念に囚われない自由な結婚スタイル**が考えられますが、家庭を示す4ハウスの土星は、その天王星と矛盾の90度です。**新しい感覚、古い価値観**とどう折り合いをつけるかが、課題となりそうです。

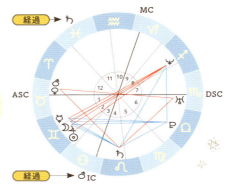

READING

1H（ハウス）：今の自分 【ペンタクル5／逆】
活動していない時期を経て、やっと自分の人生を進めそうです。ただ、その期間が長かったので、まだ自信が持てません。

2ハウス：金運 物質運 【悪魔／逆】
金銭的なしがらみから、解放されたいと思っています。

> **大アルカナ出現!! ホロスコープに注目**
> 悪魔はやぎ座に対応し、その支配星は土星です。経過のお羊座の土星は、出生図のふたご座（月、木星、太陽）と8ハウスの海王星とTスクエアを形成。2-8（お金）ハウスが刺激され、資産に関して見直しや調整期に入っています。

3ハウス：コミュニケーション 【世界／逆】
人との付き合い方に、あまり変化がない状態です。

> **大アルカナ出現!! ホロスコープに注目**
> 世界は土星に対応し、その土星がしし座にあります。土星があるハウスは苦手意識や試練を感じやすいと言われています。しし座は自己主張の星座であり、これから付き合う人とのコミュニケーションは、少しばかり主張していくことが大切になるでしょう。

4ハウス：家 家族 【正義】
誰からも認められる結婚、相手と対等な立場、仕事と両立できる家庭を築きたいと思っています。

> **大アルカナ出現!! ホロスコープに注目**
> 正義はてんびん座に対応。出生図のてんびん座には冥王星があり、仕事の6ハウスです。ふたご座天体群と、しし座の土星との調和的なアスペクトを形成。結婚しても仕事をすることによって調和が保たれそうです。

5ハウス：恋愛 娯楽 【カップ4】
盛り上がる恋愛より、結婚を前提とした落ち着いたお付き合いをしたいと思っています。

6ハウス：健康 労働 【塔／逆】
人との関わりについて、いつも自分を抑えてしまう性格を変えたいと思っていますが、それがストレスになっているかもしれません。

> **大アルカナ出現!! ホロスコープに注目**
> 塔は火星に対応。経過の火星がICに接近し、刺激されています。家族のトラブルで爆発してしまいそう。また、塔はさそり座にも対応し、その6ハウスに改革の天王星があります。仕事で無理をして頑張り過ぎてしまいそうです。

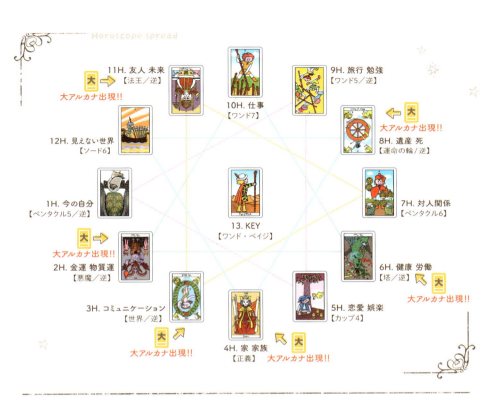

7ハウス：対人関係 【ペンタクル6】
相手となる人は、仕事と家庭の両立に理解を示してくれ、お互いを補い合い、一方的に尽くさなくてもいい関係でしょう。

8ハウス：遺産 死 【運命の輪／逆】
母に対する心残りや、コロナ禍という情勢もあり、タイミングがずらされてしまったと感じています。

9ハウス：旅行 勉強 【ワンド5／逆】
結婚しても続けられる専門的分野の勉強を習得、色々な講座を受講したり大忙しです。ですが、どれかに絞らないと収拾がつかなくなりそうです。

10ハウス：仕事 【ワンド7】
婚活中であっても、仕事はバリバリ頑張っています。立場を維持するために少し焦りもあるようです。

11ハウス：友人 未来 【法王／逆】
友達からの紹介、マッチングアプリ等の出会い系ビジネスにはあまり期待しない方がよさそうです。

大アルカナ出現!! ホロスコープに注目
法王はおうし座に対応。おうし座のアセンダントに金星と火星がぴったりくっついて、いつでも恋愛が始まりやすいと読めますが、隠れた部屋の12ハウスにあって、二人だけの世界になりがちだったり、世間への公表はどうでもよくなってしまうことを法王は気をつけて、と言っています。

12ハウス：見えない世界 【ソード6】
どこか知らない所へ旅行をしたいと思っています。それによって心がスッキリ整理されるでしょう。

13：KEY 【ワンド・ペイジ】
グッドニュースや幸せオーラを積極的に発信し、自身をアピールしましょう。SNSやメールのやりとりが楽しい人とご縁がありそうです。家に対する義務感より、制限なく自由に動き回れる環境を大事にするとよいでしょう。

リーディング監修をおえて

本書はタロットリーディングをもっと豊かにするための手法に特化したものです。特別な才能がなくてもロジックで読み切ることができるようにしています。

タロットカードに描かれた象徴にはいろんな要素があり、色、形、数字、ヘブライ文字、カバラなどの他に西洋占星術のモチーフも多く使われています。形や数字という要素を使ってリーディングする手法については、「マカロンタロットで学ぶタロット占い」で触れていますが、今回は西洋占星術とのリンクがテーマです。

タロットをリーディングしようとしたときに、「イメージをふくらませて」とか「感じた通りに」といわれても何をとっかかりに言葉にしたらいいのか、最初のうちは分かりづらい経験をされた方は多いのではないでしょうか。
また、思い込みや先入観でリーディングが的外れになる危険性もあります。
そのようなとき、この本の提唱する「西洋占星術を応用してタロットをリーディングする」手法が指針になるでしょう。

また、リーディング技法やスプレッドなどは、何を選べばいいのか迷ってしまうことが多いです。まず西洋占星術のエッセンスを取り入れるだけで1ランク上のリーディングができるはずです。ここまでひとつの手法に絞り込んで解説した本は他にはないと思います。

わたしは20年以上占い館で仕事をしてきましたが、タロットカードが一番お客さんに人気がありずっとそれだけは変わらないというのが実感です。

それは絵柄を見て「これはなんだろう」と思う気持ちが、見る人の創造性や可能性を刺激するからだと思います。かつて松村潔先生が「タロットの絵は下手なほうが良いんだ」とジョークっぽくおっしゃったことがありましたが、絵柄は「どういう状況なのか、すぐには分かりにくい」ほうがインスピレーションを発揮しやすいのです。
　またタロットカードに描かれた数々の象徴はわたしたちの集合無意識を刺激し、眠っていた情報を引き出します。
　わたしたちの心の奥底に共通するものを掘り起こす部分と、とても個人的なオリジナリティを伸ばす部分と両方があるからこそタロットカードは絶大な人気があり、人を幸せにするのだと思います。

　そしてその両方を満たすタロットデッキが名版といわれるもので、マカロンタロットもそのひとつだと思います。
　加藤マカロンさんのイラストレーターとしての才能と、タロットに対する深い理解があってこそできたデッキです。怖くないというのも大きなファクターで、質問者を怖がらせて萎縮させることのない絵柄は、日常の小さな幸せに気づかせてくれます。

　また、本書はタロットカードをスプレッドしてリーディングすることに重きを置いています。幾何学や図象学的意味を持つ「かたち」にタロットカードを並べて置いて（スプレッドする）、置いた場所の意味とカードの意味とを結びつけてリーディングすることで、タロットカードの抽象的なイメージが、具体的なものになり現実とリンクしていくのです。
　それはあたかも西洋占星術のホロスコープリーディングにおけるハウスと天体の関係のようです。両方とも立体的に人間を知るためには必要な要素です。

タロットと西洋占星術とのリンクに関しては他にも何点かポイントがあり、これを別々に捉えているのはもったいないことだと思います。

　まず西洋占星術を学習している方にとっては、この手法でタロットリーディングをしてみることで「どの天体にフォーカスするのか」、「どの時期にアスペクトが現象化するのか」などが見えてきやすいと思います。

　次に小アルカナを学ぶ際に4つのスートが4エレメントと対応していることを知っているとスート同士の関係性がはっきりしてきます。

　それから、リーディングの際にカードの意味が繋がらなかったり思い出せなかったりして、行き詰まってしまったとき、西洋占星術での経過で巡ってくる星やタロットカードのキャラクターの意味を思い出すことが助けになります。

　最後に、西洋占星術によって質問者の資質を理解した上でリーディングを伝えることは、カードの理解を多面的にすると同時にコミュニケーションをスムーズにするでしょう。

　本書のサンプルリーディング集を活用して、インスピレーションは説明できるものであることとカードの解釈が豊かになることをぜひ経験してください。

ラクシュミー

※本書の大アルカナ対応はウェイト博士によるものですが、力と正義の順番はウェイト版準拠ではなくマルセイユ版準拠です。また小アルカナとデーカンの対応については初級者向けではないという判断で、言及していません。

MACALON TAROT
関連シリーズ

A5変型／240ページ
付録のカードサイズ：52×73mm

78枚フルセットのオリジナルミニタロットカード付き

🔴 BOOK

『マカロンタロットで学ぶタロット占い』
加藤 マカロン 著／ラクシュミー 監修

タロット占いの入門書初！描き下ろし漫画付きで気軽に読み進める事ができる、かんたんなのに本格的なタロット占いの入門書です。入門書でありながら、しっかりとタロット占いのキーポイントを学べます。
わかりやすいキーワード表や実践リーディング解説（実例）、78枚フルセットのミニタロットカードも付いているので、どこでも気軽にかんたんにタロット占いを楽しめます。

貼り箱入りです！

🔴 DECK

マカロンタロット（正規版タロットデッキ）

78枚フルセットのタロットカードです。プロの占術家が実践鑑定の場でも使えることを想定し、本格的に作られています。カードサイズは58×89mmのブリッジサイズと呼ばれるトランプの国際規格サイズで、手に馴染むちょうど良いサイズです。2008年初版から版を重ね、好評発売中。

- 内　容：カード全78枚
　　　　日本語、英語ミニガイドブックレット付
- カードサイズ　：5.8×8.9cm
- パッケージ寸法：9.6×6.6×3cm
- 出版社　：ファントム

用語集

タロットとホロスコープを読むための

　ホロスコープリーディングと、タロットリーディングの勉強と実践の際、よく使われる一般的な用語をア行から順に集めました。

西洋占星術の用語

【あ】

IC
ホロスコープの一番下のポイント、北中点のこと。イマム・コエリと言う。

アスペクト
天体同士が、ある特定の角度にある状態。座相とも呼ぶ。

アセンダント（ASC）
生まれた時間の「東の地平線」と黄道が交わったポイント。その人の見た目の特徴を表す。

アングル
ホロスコープに描かれる横軸と縦軸の骨組みとなる4つのポイント。
（アセンダント、IC、ディセンダント、MC）

MC
ホロスコープの一番上のポイント、南中点のこと。ミディアム・コエリと言う。

オーブ
アスペクトの許容範囲。

【か】

カスプ
ホロスコープの12のハウスを区切る境界線。

活動宮
おひつじ座・かに座・てんびん座・やぎ座。「カーディナル・サイン」とも呼ぶ。

カルミネート
ホロスコープでもっとも高い位置であるMCに向かう天体のこと。

経過図
特定の時期の天体を配置したホロスコープ。「トランジットチャート」とも呼ぶ。

公転周期
天体が他の天体を一周するのにかかる時間のこと。

黄道
地球から見た太陽の見かけ上の軌道。

固定宮
おうし座・しし座・さそり座・みずがめ座。「フィクスト・サイン」とも呼ぶ。

【さ】

サイン
西洋占星術で使われる星座のこと。

サターンリターン
生まれた時の自分のホロスコープの土星に経過の土星が戻ってくること、29～30年で一周。

三区分
12星座を活動宮・固定宮・柔軟宮の3つに分類したもの。「クオリティ」とも呼ぶ。

四元素
火・地・風・水の4つの要素のこと。

支配星
その星座の本拠地、各星座を支配する天体のこと。「ルーラー」とも呼ぶ。

柔軟宮
ふたご座・おとめ座・いて座・うお座。「ミュータブル・サイン」とも呼ぶ。

出生図
誕生時の天体を配置した図。「ネイタルチャート」とも呼ぶ。

ソフトアスペクト
天体同士が取る120度（トライン）、60度（セクスタイル）の角度。エネルギーが調和し、スムーズに流れる配置のこと。

【た】

ディセンダント（DSC）
アセンダントの反対側のポイント。西の地平線と呼ばれる。7ハウスの起点。対人関係を表す。

デーカン（デーク）
ひとつの星座を10度ずつに区切り、3等分した期間のこと。

天球
天体の位置を表した仮想の球面のこと。これを平面にしたものがホロスコープ。

トランジット
「トランシット」とも呼ばれる。日本語で「経過」と呼ぶ。特定の時期の天体の位置のこと。

【な】

二区分
12星座を「男性星座」「女性星座」に分けること。「ポラリティ」とも呼ぶ。

日周運動
地球が1日に1周自転しているため、太陽が東から出て西へ動いて見えること。

【は】

ハウス
アセンダント、IC、ディセンダント、MCを起点に12分割されたもの。

ハウスシステム
ホロスコープのハウスを12に分ける計算
方法のこと。（ハウスの分割方法）

ハードアスペクト
天体同士が取る90度（スクエア）、180度（オ
ポジション）の角度。エネルギーが矛盾し、
緊張感のある配置のこと。

プラシーダス
ホロスコープのハウスを12に分ける計算
方法のひとつ。緯度によってハウスの大き
さが偏るため、高緯度地域では使用され
ないが、日本で一般に広く使用されている。

ホロスコープ
出生日時の天体の位置関係を図で示した
もの。

【ま】

マイナーアスペクト
天体同士が取る30度（セミセクスタイル）、
45度（セミスクエア）、72度（キンタイル）、
135度（セスキコードレート）、144度（バ
イキンタイル）、150度（クインカンクス）
の6種類が知られている。メジャーアスペク
トよりも影響力が弱いとされるアスペクト。

メジャーアスペクト
天体同士の角度が0度（コンジャクション）、
180度（オポジション）、120度（トライン）、
90度（スクエア）、60度（セクスタイル）
が一般的なアスペクトとされている。

【や】

四区分
12星座を4つの元素「火、地、風、水」
に分類する方法。「エレメント」とも呼ぶ。

【ら】

ルーラー
その星座の本拠地、各星座を支配する天
体のこと。「支配星」とも呼ぶ。

タロットの用語

【あ】

アルカナ
ラテン語起源の英語単語。「秘儀」を意味
する。

黄金の夜明け団
19世紀末の英国で創設された西洋魔術結
社。秘教知識を体系化し、西洋神秘伝統
の基礎を築いたとされる。

【か】

数札
小アルカナの1から10までの札のこと。

逆位置
カードの絵柄が上下逆さまになった状態。

顕在意識

普段から認識している意識のこと。「表面意識」とも呼ばれる。

コートカード

小アルカナ56枚のうち1〜10の数札以外のカード。各4スートにペイジ、ナイト、クィーン、キングの4枚の計16枚がコートカードにあたる。「宮廷カード」とも呼ばれる。

【さ】

小アルカナ

タロット78枚のうち、56枚を構成するカード。具体的なことを占うのに適する。

シンクロニシティ

偶然の出来事が起こること。「意味ある偶然の一致」と言われ「共時性」と訳される。

スート

小アルカナに描かれているシンボル。ワンド（こん棒）、カップ（聖杯）、ソード（剣）、ペンタクル（金貨）のこと。

スプレッド

タロットカードで占う時の展開法（配置法）のこと。

正位置

カードを引いたとき、絵柄の上下が正しいこと。

潜在意識

普段から認識していない意識のこと。心の深い部分に存在し、自分では気付いていない意識。

【た】

大アルカナ

タロット78枚のうち、22枚を構成する抽象的な概念が描かれたカード。一枚一枚が誰もが人生で起こりえる普遍的なテーマを扱う。

デッキ

大アルカナと小アルカナを合わせ78枚すべて揃ったタロットカードのこと。「フルデッキ」とも呼ぶ。

【ま】

マルセイユ版

フランスのマルセイユで生まれ、16世紀から18世紀のヨーロッパで広く使われたタロットカード。タロットの種類は、主にウェイト＝スミス系かマルセイユ系の2つに分けられる。

あとがき

　ホロスコープとタロットを組み合わせる2WAYリーディングの技法は、お互いが共鳴し、補い合っているので、不思議なくらい強固なインスピレーションを与えてくれる占術です。筆者はタロットよりずっと前に西洋占星術に出会っていましたので、タロットをいざ習おうと思ったとき、すんなり理解できたことを覚えています。その逆の場合もおそらく同じで、タロットの意味はそういう所から来ているのかと納得しながら理解を深められるのではないかと思っています。両方が初めてという場合も、興味深く楽しみながら学んでいただけましたら本望です。

　西洋占星術もタロットも、とても奥の深い占術です。本書で取り挙げているレッスンは初歩の初歩で、この先まだまだ道は続きますが、ものごとには必ず基本というものがあります。次のステップに進みたいと思っても、行き詰まったとき基本に立ち返ることができないと、解決策を見つけることは難しいでしょう。例えば「二区分」を知っているだけでもホロスコープやタロットリーディングの閃きになることがあります。本書はできるだけシンプルに、基本に忠実に、繰り返し反復することで自分のものになるように心がけました。

筆者もラクシュミー先生の「地上の星タロットリーディング研究会」でこの技法を知ったときから、多くの方とこれをシェアしたいと思い、このような形でお伝えできたことが何より嬉しいです。ラクシュミー先生がリーディング監修を引き受けてくださったことも大きな力になりました。リーディングサンプルをXで集い、切実なお悩みを打ち明けていただき応募してくださった皆さまにも御礼申し上げます。お陰さまでリーディングページがリアリティのある充実したものとなりました。楽しく分かりやすく、アイデアを盛り込んでデザインを担当してくださった駒草出版の宮本鈴子さん、そして「マカロンタロットで学ぶタロット占い」の第2弾本としてこのような素晴らしい機会を与えてくださった同出版社の石川彰一郎さん、本書を手に取っていただいた皆さまに心からの感謝を申し上げます。この本を通じ、新しい占い方を皆さまと深めていけましたら最高です！！

加藤マカロン

【 著者プロフィール 】

加藤マカロン（イラストレーター＆占い師）

フリーイラストレーターとして雑誌、書籍などで活躍中。ものごころついた頃、人生の中に繰り返される不思議なサイクルに気付き、東洋占術、西洋占術などを学び、日々、研究中。実占鑑定などもおこなっている。自分用のタロットがほしいと思ったことをきっかけとして「マカロンタロット」を制作。著書に『マカロンタロットで学ぶタロット占い』（駒草出版）がある。www.fantome.biz

【 リーディング監修者プロフィール 】

ラクシュミー（占術実践家）

ニューヨークより帰国後OL生活の傍ら占い師に。日本最大の占いスクール「アカデメイア・カレッジ」をはじめ、「アルカノン・セミナーズ」や「カイロン」等にて、講師として現在も活躍中。グリコ・ポッキー友の会、チャオ、産経等へ占いを連載していたことがある。読売テレビ「す・またん！」、「もってる!? モテるくん」、朝日放送「5up!よしもと」等に出演。HanakoWest「当たる占い師特集」に紹介される。『天華舞翔 戦国武将タロット』（駒草出版）著者。『マカロンタロットで学ぶタロット占い』（加藤マカロン著 駒草出版）監修者。『未来事典』（松村潔著 KADOKAWA）、『オーラソーマアストロジー』（澤恵著 モデラート）、『完全マスター西洋占星術2』（松村潔著 説話社）に執筆参加。

マカロンタロットで学ぶタロットと西洋占星術
タロットとホロスコープの2WAYリーディング

2025年2月28日	初刷発行
著　者	加藤マカロン
発行者	加藤靖成
発行所	**駒草出版** 株式会社ダンク　出版事業部 〒108-0023　東京都港区芝浦 3丁目17-12　吾妻ビル5F TEL 03-6435-3250／FAX 03-6435-3253 https://www.komakusa-pub.jp/
構成協力	土田裕一（クロスマインド）
ブックデザイン	宮本鈴子（駒草出版）
校　正	高浪 公（株式会社ダンク）
印刷・製本	シナノ印刷株式会社

落丁・乱丁本はお取り替えいたします。
定価はカバーに表示してあります。

©Macalon kato 2025 Printed in Japan
ISBN978-4-909646-82-8